读写力

李斩棘 杨玉松 编著

名家名篇解读 + **写作方法**梳理 + **阅读理解**训练

01

人民邮电出版社

北京

图书在版编目（CIP）数据

读写力：名家名篇解读+写作方法梳理+阅读理解训练 / 李斩棘，杨玉松编著. -- 北京：人民邮电出版社，2023.8
ISBN 978-7-115-61747-7

Ⅰ. ①读… Ⅱ. ①李… ②杨… Ⅲ. ①阅读课－小学－教学参考资料 Ⅳ. ①G624.233

中国国家版本馆CIP数据核字（2023）第090032号

内 容 提 要

本书紧扣小学语文要素进行阅读和写作的指导。

精选40篇经典文章，涉及童话、神话、寓言故事、民间故事、短篇小说、古典名著、外国名著、散文、非连续性文本等多种体裁。通过导读、旁批、总评等多种形式，总结分析人物、归纳段意、辨别详略等阅读方法，阐述观察、描写、说明、想象、抒情、表达观点等写作方法。

本书精心设计阅读理解题目，给出思路点拨和详细答案，帮助孩子读懂经典文章，提升阅读理解答题准确率。同时，布置仿写练习，帮助孩子迁移使用相应的写作方法，提升读写能力。

本书适合阅读理解答不准、扣分多，作文无从下笔的3~6年级孩子自主阅读，也可供家长、小学语文教师，以及从事阅读和写作研究的相关人员参考。

◆ 编　著　李斩棘　杨玉松
　　责任编辑　折青霞
　　责任印制　周昇亮

◆ 人民邮电出版社出版发行　北京市丰台区成寿寺路 11 号
　　邮编　100164　电子邮件　315@ptpress.com.cn
　　网址　https://www.ptpress.com.cn
　　天津翔远印刷有限公司印刷

◆ 开本：700×1000　1/16
　　印张：21.25　　　　　　　　2023 年 8 月第 1 版
　　字数：264 千字　　　　　　2023 年 8 月天津第 1 次印刷

定价：79.80 元（全 2 册）

读者服务热线：（010）81055296　印装质量热线：（010）81055316
反盗版热线：（010）81055315
广告经营许可证：京东市监广登字 20170147 号

我百思不得其解，徘徊在丝瓜下面……

——《神奇的丝瓜》

夜风轻轻地吹拂着，空气中飘荡着一种大海和田禾相混合的香味，柔软的沙滩上还残留着白天太阳炙晒的余温。

——《海滨仲夏夜》

黄山松的枝条具有异常强大的团结力。

——《黄山松》

黄色的花淡雅，白色的花高洁，紫红色的花热烈而深沉，泼泼洒洒，秋风中正开得烂漫。我懂得母亲没有说完的话，妹妹也懂。我俩在一块儿，要好好儿活……

——《秋天的怀念》

目 录

一

阅读中学观察

1 《鸟雀》

多种感官观察，表达准确生动

/ **背 景 介 绍** /

　　《鸟雀》节选自苏联作家高尔基的自传体小说《在人间》。本文以儿童的视角，描写了主人公"我"在捕鸟雀时的观察发现。文章以准确生动的表达，再现了鸟雀早晨苏醒后独特的表现和山雀捕食时表现出的狡猾，给读者留下了深刻鲜明的印象，又能让读者体会到作者对山雀的喜爱之情。

　　阅读方法：体会文章准确生动的表达，感受作者运用多种感官进行细致观察的方法。

鸟 雀

高尔基

当东方天空现出鱼肚白时，我走到树林里边，装好了捕鸟器，把引鸟的笼子挂好，就静静地躺在林子空地上，静候白天的来临。四周寂静无声，一切仿佛都沉浸在秋天那醺醺的睡梦之中……

我头顶上方的针叶林在风中沙沙作响，一颗颗露珠从嫩绿的树枝上滚落下来。清晨遇冷而结的冰霜在树荫下闪着银色的光芒，就像是蕨叶上的一块块锦缎一般。颜色发红的杂草被雨水冲倒了伏在地上，一动不动，可当明亮的阳光照到它们身上时，只见草尖微微抬头，这也许是生命最后的抗争吧！

"嫩绿的""银色的""发红的""明亮的"，这些修饰性的词语让景物描写更生动，说明作者观察得很细致。

鸟儿们苏醒了。灰色的煤山雀像毛茸茸的小圆球，在枝头上跳来跳去。红如火焰的交喙鸟用弯嘴不停地啄松果。通体洁白的阿波罗山雀在松树枝头摇来摇去，甩动着尾巴上长长的羽毛，瞪着一双玻璃球般的小黑豆眼睛，疑心地斜睨着我布下的那张

"摇来摇去""甩动着""瞪着""斜睨着"，这些词语十分精准地写出了山雀的警觉。

网。一分钟前还处于沉思之中的整座森林，刹那间百鸟齐鸣，自然界里最纯洁的小生灵在四处忙碌起来……

鸟雀的狡猾惹得我发笑。一只天蓝色的山雀专心而仔细地瞅着我的一个捕鸟器，明白这个东西对它有危险，它就侧着身子走过去，动作灵活而且毫无危险地从捕鸟器的那些小棍之间伸进嘴去，把麦粒叼走了。由于强烈的好奇心，聪明的山雀最终落入了陷阱。而那些趾高气扬的红腹灰雀却显得有些笨拙，它们三五成群地飞进网子，就像酒足饭饱的小市民涌进教堂里去一样。每逢它们被套在网中，还惊讶地鼓着两只眼睛，胖嘟嘟的嘴向前伸着，想要啄人的手指。交喙鸟总是大摇大摆地走近捕鸟器，派头十足。鹣鸟则与众不同，它格外神秘，在网前久久站立着，摇动着长嘴，肥硕的尾巴支撑着身子，它总是像啄木鸟似的在树干上跑来跑去，能与它做伴的只有山雀。这种烟灰色的鹣鸟有些可怕，似乎比较孤傲，谁都不与它为伍，它也不愿与谁成群。它跟喜鹊差不多，喜欢偷一些闪闪发光的小东西，悄悄藏起来。

运用拟人手法，俏皮地写出山雀的狡猾，也写出了"我"对这只天蓝色山雀的喜爱。

＼ 写作亮点 ＼

亮点一：运用多种感官细致观察，让景物描写更生动。

文中，那风中针叶林的沙沙声，从嫩绿的树枝上滚落的露珠，闪着银色光芒的冰霜，被雨水冲倒的发红的杂草……都被刻画得如此细腻，这都离不开作者细致的观察。

亮点二：动词的准确运用，形象地勾勒出描摹对象的特点。

观察对象是各种各样的鸟雀，描摹它们的动态必不可少，此时，准确运用多种动词很关键，能使鸟雀的形象活灵活现。

亮点三：拟人手法的使用，增强了观察的表达效果。

采用拟人手法，把山雀比作人，"专心而仔细地瞅着我的一个捕鸟器"，形象贴切地描绘出山雀偷吃麦粒时狡猾的一面，给读者留下深刻鲜明的印象。

总评

作者对鸟雀的观察细致入微，将鸟雀的一举一动尽收眼底，而且表达准确。读着这篇文章，我们仿佛和作者一起在山林里捉鸟雀，那一只只活泼可爱的鸟雀，好似就在我们眼前活动一般，这归功于文章准确生动的表达。

阅读理解

任务一

文中既有景物描写又有动物描写，作者的观察比较细致。鸟儿们苏醒后的样子很可爱，用自己的话说说可爱在哪里。

_____

_____

_____

任务二

读下列句子，回答问题。

交喙鸟总是大摇大摆地走近捕鸟器，派头十足。

从"大摇大摆""派头十足"可以看出作者不喜欢交喙鸟。你认同这样的说法吗？请结合文章内容，阐述你认同或不认同的理由。

_____

_____

_____

任务三

如果用一个词语总结作者捕捉鸟雀的感受，你会用哪个词语？为什么？

_____

_____

_____

　　你是否留意过身边的小动物？请你试着像作者这样，细致地观察某种小动物的一举一动，选用恰当的动词，运用比喻、拟人等手法，写出它某一方面的特点。赶快拿起笔，把你身边的小动物活灵活现地展现出来吧。

2 《神奇的丝瓜》

连续细致观察，心情起伏变化

/ **背景介绍** /

《神奇的丝瓜》全文紧紧抓住"神奇"二字做文章，观察细致，描写生动，从字里行间我们可以感受到丝瓜的神奇：丝瓜能让无法承担重量的瓜停止生长，能给处在有利地形的大瓜找到承担重量的地方，能让悬垂的瓜平着身子躺下。难道丝瓜有魔力？赶快来读一读吧。

阅读方法：感受事物的变化过程，学习作者连续细致观察事物的方法。

神奇的丝瓜

季羡林

今年春天，孩子们在房前空地上，斩草挖土，开辟出一个一丈见方的小花园。周围用竹竿扎了一个篱笆，在竹篱下面随意种上了几棵扁豆和两棵丝瓜。土壤并不肥沃，虽然也铺上了一层河泥，但估计不会起很大的作用，大家不过是玩玩而已。

过了不久，丝瓜竟然长了出来，而且日益茁壮、长大。这当然增加了我们的兴趣。

丝瓜是普通的植物，我并没有想到它会有什么神奇之处。可是有一天，我发现丝瓜秧爬出了篱笆，爬上了楼墙。以后，每天看丝瓜，它总比前一天向楼上爬了一大段；最后竟从一楼爬上了二楼，又从二楼爬上了三楼。说它每天长出半尺，绝非夸大之词。丝瓜的秧不过像细绳一般粗，如不注意，连它的根在什么地方，都找不到。这样细的一根秧竟能在一夜之间输送这样多的水分和养料，供应前方，

作者用"竟然"一词表现丝瓜的生长出乎意料，体现其神奇，引起读者的兴趣。

"每天看丝瓜，它总比前一天向楼上爬了一大段""竟从"等写出了作者对丝瓜进行的连续观察，以及发现其变化之后的惊奇。

使得上面的叶子长得又肥又绿，爬在灰白色的墙上，一片浓绿，给楼墙增添了无限活力与生机。

这当然让我感到很惊奇，我的兴趣随之大大提高。每天早晨，我都要注视那细细的瓜秧和浓绿的瓜叶……

又过了几天，丝瓜开出了黄花。再过几天，有的黄花就变成了小小的绿色的瓜。瓜越长越大，重量当然也随之增加，最初长出的那一个小瓜竟把瓜秧坠下来了一点儿，直挺挺地悬垂在空中，随风摇摆。我真是替它担心，生怕它经不住这一份重量，会从楼上坠下来，落到地上。

然而不久就证明了，我这种担心是多余的。最初长出来的瓜不再长大，仿佛得到命令停止了生长。在上面，在三楼的窗外，却长出来了两个瓜。这两个瓜后来居上，发疯似地猛长，不久就长成小孩胳膊一般粗了。这两个瓜加起来恐怕有五六斤重，那一根细秧怎么能承受得住呢？我又担心起来。没过几天，事实又证明了我是杞人忧天。

两个瓜不知在什么时候忽然弯了起来，把躯体放在老太太的窗台上，从下面看上去，活像两个粗大弯曲的绿色牛角。

不知道从哪一天起，我忽然又发现，在两个大

作者在连续观察中发现了自然的奥秘。

连续观察，发现丝瓜的变化。一个"把"字，体现了丝瓜的主动性，似乎它也有思想、有智慧。

瓜的下面，在二三楼之间，在一根细秧的顶端，又长出来了一个小瓜，垂直地悬在那里。我又犯了担心病：这个瓜上面够不到窗台，下面也是空空的；总有一天，它越长越大，会把上面的两个大瓜也坠了下来，一起坠到地上。

今天早晨，我却看到了奇迹。下面最小的那一个丝瓜早已停止生长，孤零零地悬在空中，似乎一点分量都没有；上面窗台上那两个大的，似乎长得更大了，威武雄壮地压在窗台上；中间的那一个却不见了。等我倒退几步抬头再看时，却看到了那一个我认为失踪了的瓜，平着身子躺在紧靠楼墙凸出的一个台子上。

我百思不得其解，徘徊在丝瓜下面……

作者不仅观察细致，而且描写传神。"平着身子躺在"形象地写出了丝瓜找到自己的落脚点后，悠闲自在的样子。

亮点一：对所观察对象进行连续细致的观察。

　　"过了不久，丝瓜竟然长了出来""每天看丝瓜""又过了几天""再过几天"，从字里行间，我们能感受到作者的观察是连续细致、严谨认真、持之以恒、细致入微的。

亮点二：看到了事物不断变化的过程。

　　"又过了几天，丝瓜开出了黄花。再过几天，有的黄花就变成了小小的绿色的瓜。"从这一连串的描述当中，我们可以发现作者经过连续观察，看到了丝瓜不断变化的过程。

总评

　　在作者的眼中，这努力向上、努力生长的丝瓜多么有智慧呀。读者仿佛亲眼看见了丝瓜的生长过程，仿佛亲耳聆听了丝瓜神奇的有关生命智慧的叮嘱。作者可以如此生动地描述出丝瓜的变化过程，说明作者的表达十分准确，而准确的表达正源于细致的观察。

阅 读 理 解

任务一

作者在写丝瓜的神奇时，也写了自己无尽的担心，文中多次描写了他的担心，用"——"在文中画出来。这样写有什么好处呢？

_____

_____

_____

任务二

文中有许多表现时间的词句，圈画出来，谈谈自己的发现，说说作者是如何将极平常的丝瓜描写得如此生动形象的？

_____

_____

_____

任务三

你发现观察的好处了吗？说说自己的体会。

_____

_____

_____

　　细致观察你身边的某种植物或动物，找出它的"神奇"之处，然后写出来。建议写出自己心里的感受或情感的变化，还可以写自己的感想。

_____

_____

_____

_____

_____

_____

_____

_____

二

阅读中学描写

3 《海滨仲夏夜》

调动五感描写，景物精妙传神

/ 背 景 介 绍 /

　　《海滨仲夏夜》的作者抓住从"夕阳落山不久"到"月亮上来了"这段时间的光线和色彩的变化，通过视觉、听觉、嗅觉、触觉等感觉描绘了海滨夏夜迷人的晚霞图、星空图、灯火图、沙滩图，为我们展现了夏夜海滨幽美、静谧的夜色和沙滩上人们闲适、欢愉的休憩场面，抒发了作者对美好生活的赞美之情。

　　阅读方法：体会用"五感法"描写景物的表达效果。

— 文章梳理 —

海滨仲夏夜

峻青

夕阳落山不久，西方的天空，还燃烧着一片橘红色的晚霞。大海也被这霞光染成了红色，而且比天空的景色更为壮观。因为它是活动的，每当一排排波浪涌起的时候，那映照在浪峰上的霞光又红又亮，就像一片片霍霍燃烧的火焰，闪烁着，消失了。而后面的一排，又闪烁着，滚动着，涌了过来。

天空的霞光渐渐地淡下去了，深红的颜色变成了绯红，绯红又变为浅红。最后，当这一切红光都消失了的时候，那突然显得高而远的天空，呈现出一片肃穆。最早出现的启明星，在这深蓝色的天幕上闪烁起来了。它是那么大，那么亮，整个广漠的天幕上只有它在那里放射着令人瞩目的光辉，活像一盏悬挂在高空的明灯。

"燃烧着一片橘红色的晚霞""染成了红色"，作者通过对色彩的描写，表现出晚霞的艳丽。

"深红""绯红""浅红"，作者通过描写颜色的变化，形象地勾勒出霞光的变幻之美。

夜色加浓，苍穹中的"明灯"越来越多了。城市各处的灯火也相继亮了起来。尤其是围绕在海港周围山坡上的那一片灯光，倒映在乌蓝的海面上，随着波浪晃动着，闪烁着，像一串流动着的珍珠，和满天的星星互相辉映，煞是好看。

在这优美的夜色中，我漫步在湿润的沙滩上。海水轻轻地抚摸着细软的沙滩，发出温柔的"刷刷"声。晚来的海风清新而凉爽，我的心里有着说不出的兴奋和愉快。

夜风轻轻地吹拂着，空气中飘荡着一种大海和田禾相混合的香味，柔软的沙滩上还残留着白天太阳炙晒的余温。那些在各个岗位上劳动了一天的人们，三三两两地来到这软绵绵的沙滩上。他们浴着凉爽的海风，在那缀满星星的夜空下，尽情地说笑，尽情地玩耍。愉快的笑声不时从这儿那儿飞扬开来，就像平静的海面上不断地从这儿那儿涌起的浪花。

月亮上来了。是一轮灿烂的满月。它像一面光辉四射的银盘，从那平静的大海里涌了出来。大海里，闪烁着一片鱼鳞似的银波。沙滩上，也突然明亮了起来，那些坐着、卧着、走着的人影一下子看得清清楚楚了。嗬！海滩上居然有这么多的人在乘凉。那说话声、欢笑声、唱歌声、嬉闹声响遍了整个海滩。

＼ 写 作 亮 点 ＼

亮点一："五感法"在景物描写中的巧妙运用。

"五感"即人的五种感觉，包括视觉、听觉、嗅觉、触觉及味觉。我们通过五感感知世界、体验生活。作者写海滨的仲夏夜，巧用"五感法"写出了自己的真实感受。文章不需要多么华丽的语言，质朴和真诚同样能让人感同身受、如临其境。

亮点二：以动衬静，表现景物的宁静之美。

以动衬静，就是以动态的景物来反衬静态的景物，从而烘托出更静谧的氛围的一种表现手法。

如本文中，优美的夜色、细软的沙滩，写出了夜的宁静，而海水发出的温柔的"刷刷"声，以动衬静，更加突显海滨夏夜的宁静之美。

总评

眼、耳、鼻、舌、手是人体的重要器官，也是我们写作时的重要工具。平时我们观察事物，习惯以视觉感官为主，而用"五感法"写作，便是从五种感官出发来描写观察对象，这样写出的文字生动、具体，让人如临其境，这就是"五感法"的魅力。

任务一

本文是按什么顺序写的？摘录表示顺序的词语。

_____

_____

_____

任务二

本文前两段有很多表示霞光色彩变化的词语，圈画出来。找出表现霞光动态的语句，抄写下来。

_____

_____

_____

任务三

作者调动多种感官，从不同角度对海滨美景进行了细腻优美的描写。下列句子是通过哪些感觉来描写景物的？请将对应选项的字母填在括号里。

A.视觉　　B.听觉　　C.嗅觉　　D.触觉　　E.味觉

①海水轻轻地抚摸着细软的沙滩，发出温柔的"刷刷"声。（　　）

②在这优美的夜色中，我漫步在湿润的沙滩上。（　　）

③而后面的一排，又闪烁着，滚动着，涌了过来。（　　）

④夜风轻轻地吹拂着，空气中飘荡着一种大海和田禾相混合的香味。（　　）

仿 写 提 示

　　许多文学作品都会展现大自然中的色彩美，在读者的脑海中形成一幅幅绚丽的图画。拿起手中的笔，勾画你心中美丽的图景，展现你心中的那处美景。用好"五感法"，相信你的文章会增色不少！

4 《镜泊湖奇观》

动静结合描写，景物活灵活现

在《镜泊湖奇观》中，作者描写了镜泊湖的神奇、美妙，给人身临其境的感觉。文中介绍了镜泊湖的传说及景色的特点，重点描绘了吊水楼瀑布的壮观气势和地下森林奇妙、壮丽的景象，抒发了作者对祖国大好河山的热爱之情。

阅读方法：初步体会文中静态描写和动态描写的表达效果。

镜泊湖奇观

相传很久以前，牡丹江畔住着一个美丽善良的红罗女。她有一面宝镜，哪里的人们有苦难，她只要用宝镜一照，便可以消灾弭祸。这件事传到了天庭，引起王母娘娘的忌妒，她派天神盗走了宝镜。红罗女上天索取，发生争执，宝镜从天上掉了下来，就变成了镜泊湖。这当然是神话。虽说镜泊湖不是神仙宝物，也不能为人消灾祛病，不过，夏季凉爽少风，湖面波平如镜，倒是事实。

镜泊湖位于黑龙江省宁安县境内。约在一万年前，这里火山喷发，炽热的岩流阻塞了牡丹江的河道，于是水面被抬高，形成了湖泊。

镜泊湖景色的最大特点，是自然朴实而又绮丽多变。除了镜泊山庄有一些精致的别墅外，这里没有多少人工的点缀，只有峭拔的山岩、清澈的湖水、缤纷的花树、一望无际的林海。然而它并不单调：四周峰峦叠起，湖心石岛耸峙，湖中倒影奇幻，真

这部分先整体描写镜泊湖的景色特点，而后分别写了山岩、湖水、花树、林海、峰峦、石岛等，体现了镜泊湖的静态美。

是美不胜收。

吊水楼瀑布是镜泊湖的著名景点，位于湖水泻入牡丹江的地方。瀑布宽 43 米，高 25 米。底部岩石由于上万年激流的冲击，被蚀成了几十米的深潭。本来清澈的湖水静静地淌着，一到陡崖，突然下跌，顿时抛撒万斛珍珠，溅起千朵银花，水雾弥漫，势如千军万马，声闻数里，同幽静的镜泊湖形成鲜明的对照。这里地处北国，冬季气温低达零下三四十摄氏度，但瀑布却从不结冰断流。

镜泊湖附近有一处地下森林。所谓地下森林，实际上是长在火山口里的森林。这里有 7 个火山口，其中最大的一个直径约 500 米，深约 100 米，壁陡底平，景色壮丽。由于火山长期没有喷发，火山岩逐渐风化，同火山灰及沉积的浮尘积聚混合，形成了富含钾、磷等元素的肥沃土壤，加上这里降水较多，火山口的东南方向有缺口，阳光可以射入，所以长起了郁郁葱葱的森林。林中有红松、白桦、水曲柳、胡桃楸等树木，还有许多名贵的药材。东北虎、熊、青羊、马鹿等野生动物，也常到火山口活动。游客们爬上火山口的顶部向下俯视，只见足下峭壁如屏，黝黑的火山口似乎要吞没一切，令人心惊。可是底下的林木却不在乎这谷底的阴暗潮湿，它们欣欣向荣，充满了活力。

作者在这部分采用动态描写，用"抛撒""溅起""声闻数里"等词句，生动地描绘出瀑布飞流直下的样子和气势。

这部分动静结合，先写郁郁葱葱的森林和林中的各种树木，再写野生动物常常到火山口活动。

亮点一：静态、动态交替进行，让文章富有变化。

　　文章主要写了吊水楼瀑布和地下森林，其中吊水楼瀑布主要采用动态描写，地下森林则采用静态描写。一动一静中，把景物传神地描绘出来。这样交替进行，让文章富有变化，更能吸引读者。

亮点二：动静结合，让景物活灵活现。

　　作者写地下森林时，还采用了"静态""动态"相结合的方法，以动衬静，把地下森林的壮观景象刻画得栩栩如生，文章立刻鲜活起来，让人印象深刻。

总评

　　写景的文章，抓住静态景物与动态景物进行描写，可以使文章充满情调，而且具有极强的画面感。这是一种很好的写作方法，可以尝试在自己的习作中使用。

任务一

用自己的话说说第一自然段采用神话故事开头的好处。

_____

_____

任务二

分别找出文中静态描写和动态描写的句子，各抄写一句，并说说各自在文中所起的作用。

_____

_____

_____

_____

任务三

地下森林景观"奇"在哪里？请结合短文内容简要说明。

_____

_____

_____

　　大自然就像一幅瑰丽无比的画卷，你最喜欢的自然景物是什么？它有哪些独到之处？尝试写一写令你心动的一处景物，看看能不能用上静态描写和动态描写的方法！

三

阅读中明段意

5 《黄山松》

抓住关键语句，明了段落大意

/ **背 景 介 绍** /

《黄山松》是丰子恺先生的一篇散文，主要描写黄山景物中最具特色的景物之一——松树。作者用朴素的语言，紧紧围绕黄山松的特点，展现了黄山松顽强的生命力，赞美了黄山松一心向阳的坚韧，突显了黄山松异常强大的团结力。

阅读方法：借助关键语句理解一段话的大意。

黄山松

丰子恺

没有到过黄山之前，常常听人说黄山的松树有特色。特色是什么呢？听别人描摹，总不得要领。这次我亲自上黄山，亲眼看到黄山松，它的特色方才明晰起来。

黄山的松树大都生在石上。石头如果是囫囵的，上面总长不出松树来；一定有一条缝，松树才能扎根在石缝里。石缝里有没有养料呢？生物学家一定有科学的解说；我却只有臆测：《本草纲目》里有一种药叫"石髓"。可知石头也有养分。黄山的松树也许是吃石髓而长大起来的吧？长得那么苍翠，那么窈窕，那么坚劲，真是不可思议啊！更有不可思议的呢：文殊院窗前有一株松树，由于石头崩裂，松根一大半长在空中，像须蔓一般摇曳着。而这株松树照样长得郁郁苍苍，娉娉婷婷。这样看来，黄山的松树不一定要餐石髓，似乎呼吸空气，呼吸雨

黄山松生活在恶劣环境里，依然长得郁郁苍苍，丰子恺从中看到了它生命力的顽强。

露和阳光，也会长大的。这真是一种生命力顽强的生物啊！

黄山松的枝条大都向左右平伸，或向下倒生，极少有向上生的。一般树枝，绝大多数是向上生的，除非柳条挂下去。黄山松的枝条挺秀坚劲，然而绝大多数像电线杆上的横木一般向左右生，或者像人的手臂一般向下生。黄山松更有一种奇特的姿态：如果这株松树长在悬崖旁边，一面靠近岩壁，一面向着空中，那么它的枝条就全部向空中生长，靠岩壁的一面一根枝条也不生。这姿态就很奇特，好像一个木梳，又像学习的"习"字。显然，它不肯面壁，而一心倾向着阳光。

黄山松的姿态奇特。它的枝条挺秀坚劲，绝大多数是左右横生，在对比中我们可以感受到它是多么与众不同！

黄山松的枝条具有异常强大的团结力。狮子林附近有一株松树，叫"团结松"。五六根枝条从近根的地方生出来，密切地偎傍着，到了高处才向四面分散，长出松针来。因此这一束树枝就变成了树干，形似希腊殿堂的一种柱子。我谛视这树干，想象它们初生时的状态：五六根枝条怎么会合伙呢？大概它们知道团结就是力量，可以抵抗高山上的风吹、雨打和雪压，所以生成这个样子。如今这株团结松已经长得很粗、很高。我伸手摸摸它的树干，觉得像铁铸的一般。即使十二级台风，漫天大雪，也动弹它不了。

关键语句能帮助我们概括一段话的大意。这一段话的开头就表达了黄山松的枝条具有异常强大的团结力，后面的内容都是围绕开头这句话来写的。

亮点一：关键句在段首。

关键句一般是指能够提示文章的主旨，或能够集中体现段落意思的句子。"黄山松的枝条具有异常强大的团结力"就是第四自然段的关键句。我们借助这一关键句，就能理解第四自然段的大意。

亮点二：段落首尾隐藏关键句。

遇到首尾都有关键句的段落，有时候需要对关键句进行"改造"。例如，第二自然段的第一句和最后一句是关键句，把这两句合起来，改为"黄山的松树大都生在石上，生命力特别顽强"，就能概括出这段话的大意。

总评

借助关键句理解一段话的意思，要求我们在读懂每句话的意思的基础上做准确判断，有时可以直接摘录关键句，有时还要对关键句做必要的修改。关词句可能在一段话的开头，也有可能在一段话的末尾或中间。找到这样的句子，可以更好地理解一段话的意思。

任务一

文中生动形象地描述了黄山松的特色，它们分别是＿＿＿＿＿＿＿＿＿＿＿、

＿＿＿＿＿＿＿＿＿＿＿＿＿＿＿、＿＿＿＿＿＿＿＿＿＿＿＿＿＿＿。

任务二

文中"真是不可思议"指的是＿＿＿＿＿＿＿＿＿＿＿＿＿＿＿＿＿＿，

"更有不可思议"指的是＿＿＿＿＿＿＿＿＿＿＿＿＿＿＿＿＿＿＿

＿＿＿＿＿＿＿＿＿＿＿＿＿＿＿＿＿＿＿＿＿＿＿＿＿＿＿＿＿。

任务三

"奇松"是黄山的四绝之一，你喜欢黄山松吗？结合文章内容写一写自
己的理由。

＿＿＿＿＿＿＿＿＿＿＿＿＿＿＿＿＿＿＿＿＿＿＿＿＿＿＿＿＿＿＿＿

＿＿＿＿＿＿＿＿＿＿＿＿＿＿＿＿＿＿＿＿＿＿＿＿＿＿＿＿＿＿＿＿

你喜欢什么植物呢？家里养植物吗？如果没养，你也可
以去花圃里看看你觉得可爱的植物，观察它的特点，模仿
文章第四自然段的写法，尝试用关键句来写一段话。

6 《林中乐队》

围绕一个主题，写出一个片段

/ **背景介绍** /

  《林中乐队》的作者维塔利·比安基是杰出的动物文学作家。他以新闻的形式和诗的语言，为我们展现了兴味盎然的"森林的讯息"。本文形象地描绘了大自然里各种生机勃勃的动物发出的奇妙声音，表现了作者对大自然和美好生活的热爱之情。

  阅读方法：了解文章是怎么围绕一个主题把一段话写清楚的。

林中乐队

维塔利·比安基

三月，莺唱起歌来，白天黑夜，老是尖声叫着，啭啼着。孩子们都觉得奇怪：它什么时候睡觉呢？原来春天鸟是没工夫睡大觉的，它每次只能睡短短的一小觉：它唱一阵，打个盹，醒来再唱第二阵；半夜里睡一会儿，中午睡一会儿。

在清晨和黄昏，不光是鸟，森林里所有的动物都在唱歌奏乐：各唱各的曲子，各用各的乐器；各有各的唱法，各有各的奏法。在森林里可以听到清脆的独唱、拉提琴、打鼓、吹笛；可以听到噪声、咳嗽声、呻吟声；也可以听到吱吱声、嗡嗡声、呱呱声。燕雀、莺和歌声婉转的鸫鸟，用清脆、纯净的声音唱着。甲虫吱吱嘎嘎地拉着提琴。啄木鸟打着鼓。黄鸟尖声尖气地吹着笛子。母鹿咳嗽着。狼嗥叫着。猫头鹰哼哼着。蜜蜂嗡嗡地响着。青蛙咕噜咕噜地吵一阵，又呱呱呱地叫一阵。

首句是全文的关键句，后文就是围绕这句话来展开的。这一自然段主要写动物们各唱各的曲子，各用各的乐器；各有各的唱法，各有各的奏法。

没有好嗓子的动物，也不觉得难为情。它们都会按照自己的爱好来选择乐器：啄木鸟寻找能发出响亮声音的枯树枝，这就是它们的鼓；它们那结实的嘴，就是顶好的鼓槌；天牛的脖子嘎吱嘎吱地响——这不是活像在拉一把小提琴吗？

蚱蜢用小爪子抓翅膀：它们的小爪子上有小钩子，翅膀上有锯齿。一种火红色的水鸟把长嘴伸到水里，使劲一吹，把水吹得咕咕直响，整个湖里轰传起一阵喧嚣，好像牛叫似的。沙雉更是异想天开，它竟用尾巴唱起歌来了：它一个腾身冲入云霄，然后张开尾巴，头朝下直冲下来。它的尾巴兜着风，发出一种"咩咩"的声音——不折不扣，活像羊羔在森林的上空叫！

森林里的乐队就是这样组成的。

＼ 写 作 亮 点 ＼

亮点一：围绕一个主题把一段话写清楚。

围绕关键句"森林里所有的动物都在唱歌奏乐：各唱各的曲子，各用各的乐器；各有各的唱法，各有各的奏法"，作者具体介绍了森林里各种声音的演唱者以及演奏者和它们的乐器。

亮点二：全文的最后，用一句话简洁有力地总结全文。

"森林里的乐队就是这样组成的"，这句话是全文的关键句。前面内容的描写全部是围绕这句话来写的。最后的这句话总结了全文，给人豁然开朗之感。

总评

关键句能够帮助我们了解文章是怎么围绕一个主题把一段话写清楚的。抓住文章的关键句对理解某一段落或整个文章内容有着至关重要的作用，有助于很好地把握作者表达的思想感情。

阅读理解

任务一

读下面的句子，回答问题。

沙雉更是异想天开，它竟用尾巴唱起歌来了：它一个腾身冲入云霄，然后张开尾巴，头朝下直冲下来。它的尾巴兜着风，发出一种"咩咩"的声音——不折不扣，活像羊羔在森林的上空叫！

写沙雉用尾巴唱歌时，主要进行了_____描写，圈出这些词语。

任务二

本文多次出现冒号，请你找出相关内容，说说冒号的作用。

_____

_____

_____

_____

任务三

用自己的话总结一下林中乐队是怎么组成的。

_____

_____

_____

　　其实只要我们亲近自然、亲近生活，美好的音乐就在你我身边。请结合自己的生活体验，模仿文章的一个片段，写一写你观察到的动物唱歌奏乐的情形。

_____

_____

_____

_____

_____

_____

_____

_____

_____

_____

_____

_____

四

阅读中学归纳

7 《倔强的小红军》

关注人物事件，串联主要内容

/ **背 景 介 绍** /

《倔强的小红军》主要讲述了陈赓同志回忆的一件往事：一位掉队的年仅十一二岁的小红军，在极度饥饿、疲惫的情况下，为了不让陈赓同志挨饿受累，坚持不骑他的马，不接受他的青稞面，巧妙地说服陈赓同志放弃对自己的帮助，最后牺牲在长征途中。

阅读方法：关注主要人物和事件，学习把握文章的主要内容。

倔强的小红军

陈靖

陈赓同志回顾自己革命经历的时候，曾经深情地谈起这样一件往事。

那是深秋的一天，太阳偏西了。由于长时间在荒无人烟的草地上行军，常常忍饥挨饿，陈赓同志感到十分疲惫。这一阵，他掉队了，牵着那匹同样疲惫的瘦马，一步一步朝前走着。忽然，他看见前边有个小红军，跟他一样，也掉队了。

那个小家伙不过十一二岁。黄黄的小脸，一双大眼睛，两片薄嘴唇，鼻子有点儿翘，两只脚穿着破草鞋，冻得又青又红。陈赓同志走到他跟前，说："小鬼，你上马骑一会儿吧。"

小鬼摆出一副满不在乎的样子，盯着陈赓同志长着络腮胡子的瘦脸，微微一笑，用一口四川话说："老同志，我的体力比你强多了，你快骑上走吧。"

> 作者对小红军的外貌描写不仅勾勒出了人物形象，"黄黄的""破草鞋""又青又红"还暗示小红军处于饥饿的状态。

陈赓同志用命令的口吻说："上去，骑一段路再说！"

小鬼倔强地说："你要我同你的马比赛呀，那就比一比吧。"他说着把腰一挺，做出个准备赛跑的姿势。

"那，我们就一块儿走吧。"

"不。你先走，我还要等我的同伴呢。"

陈赓同志无可奈何，从身上取出一小包青稞面，递给小鬼，说："你把它吃了。"

小鬼把身上的干粮袋一拉，轻轻地拍了拍，说："你看，鼓鼓的嘛。我的比你的还多呢。"陈赓同志终于被这个小鬼说服了，只好爬上马背，朝前走去。

他骑在马上，心情老平静不下来，从刚才遇见的小鬼，想起一连串的孩子。从上海、广州直到香港的码头上，跟他打过交道的那些穷孩子，一个个浮现在他眼前。

"不对，我受骗了！"陈赓同志突然喊了一声，立刻掉转马头，狠踢了几下马肚子，向着来路跑去。等他找到那个小鬼，小鬼已经倒在草地上了。

陈赓同志吃力地把小鬼抱上马背，他的手触到了小鬼的干粮袋，袋子硬邦邦的，装的什么东西呢？

小红军四骗陈赓：体力强、走得动、等同伴、干粮多。一个勇敢倔强，宁愿牺牲自己，也决不拖累别人的小红军形象跃然纸上。

他掏出来一看，原来是一块烧得发黑的牛膝骨，上面还有几个牙印。

陈赓同志全明白了。就在这个时候，小鬼停止了呼吸。

陈赓同志一把搂住小鬼，狠狠地捶着自己的腿说："陈赓啊陈赓，你怎么对得起这个小兄弟呀！"

陈赓明白了：小红军当时早已筋疲力尽，他既没有同行的伙伴，也没有可以充饥的东西。

亮点一：借助细节描写，突出人物形象。

作者通过对小红军的神态、语言、动作等细节的描写，尤其是他拒绝帮助时，跟陈赓同志四次简洁的对话，形象地刻画出小红军一心为别人着想，把困难和危险留给自己的高尚品质。

亮点二：借助主要事件，丰富人物内心。

作者通过陈赓同志要说服小红军骑上马、与他同行、收下青稞面，却一次次被小红军的充足"理由"说服，最后陈赓同志察觉自己上当时，小红军已经牺牲这一主要事件，展现陈赓内心的悔恨和自责，同时也把小红军舍己为人的光辉形象展现在读者眼前。

总评

除了关注主要人物和事件，把握文章主要内容的方法还有很多。在阅读实践中，我们还可以借助圈画关键句、列提纲、画表格或结构图等形式，根据需要对提取的信息进行归纳、整理，把握文章主要内容。

| 阅读理解 |

任务一

读下列句子，根据句意在文中找出相应的词语。

（1）感到没有办法，只有这样了。（　　　　　　）

（2）形容丝毫不在意、无所谓的样子。（　　　　　　）

（3）形容地方偏僻荒凉，见不到人家。（　　　　　　）

任务二

"微微一笑""倔强地说""把腰一挺，做出个准备赛跑的姿势""把身上的干粮袋一拉，轻轻地拍了拍"，这些表情、动作让你感受到此时的小红军处于什么状态？结合全文，这样描写表现了小红军怎样的品质？

_____

_____

_____

任务三

用自己的话说说这篇文章的主要内容。

_____

_____

_____

　　我们身边有许多优秀的人物，他(她)们都是我们学习的榜样。选择其中一个人，写一篇作文，要写出他(她)值得学习的地方，记得通过具体事例有条理地写出来。

8 《兔子和狼》

起因经过结果，文章脉络清晰

/ **背景介绍** /

《兔子和狼》这个故事讲述的是北山的狼一心想吃掉南山的兔子，但是狼只想不做，最终不但没吃到兔子，反而被摔死了。兔子面对狼的威胁，为了防备狼，天天练功、挖洞，最后长得结结实实，又高又壮。

阅读方法：了解故事的起因、经过、结果，学习把握文章的主要内容。

兔子和狼

徐德霞

有两座山，面对面，南山住着兔子，北山住着狼。一天，狼发现对面山头上的兔子，大叫："喂，小兔子，我要吃掉你！"兔子抬头看见对面的狼，害怕起来。幸好两座山中间隔着一条很深很深的山涧，狼过不来。

这一夜，小兔子没睡好。他想，狼真要跳过来，自己首先要跑得快，逃得脱。第二天，兔子早早地起床练习跑步。他跑哇跑，跑得大汗淋漓，气喘吁吁，真想停下来。但一想到狼就要来了，连忙咬牙坚持跑起来。

狼看见兔子练长跑，气得大叫："小兔子，你跑也没用。等我找根树枝，来个撑竿跳，就能抓住你！"狼找来找去，没能找到树枝。

兔子听了狼的话，想，光跑也没用，还得练格

> 这是故事的起因：狼扬言要吃掉兔子，兔子很害怕。于是才有了后面的故事。

> 兔子为了将来能逃过狼的追捕而练习跑步，即使大汗淋漓、气喘吁吁，也没有停下，仍旧坚持。

斗。于是他又练起了蹲、蹬、弹、跳。出拳，直捣狼眼；踏腿，直踹狼腰。

狼看见兔子练拳就威胁他："小兔子，你再练也没用，我一掌就能把你拍成肉饼。"兔子灵机一动，对呀，不能光和狼硬拼，还要学会隐蔽，保护自己。他立即拼命挖洞，几天里，竟挖了三十多个洞。

狼在对面山头上，看着兔子不光练长跑练格斗，现在又挖了那么多洞，气得眼都红了。他肚子饿得咕咕叫，也顾不上找东西吃。每天围着悬崖转呀转，绞尽脑汁，一心想跳过去抓住兔子。渐渐地，狼越来越瘦，最后瘦得只剩下皮包骨头。而兔子为了防备狼，每天不停地练功，不停地挖洞，竟不知不觉长得结结实实，又高又壮。

有一天，飞来一只鹰。他看到南山的兔子，以为是头小毛驴，怕叼不动；看见北山的狼，心想：叼大豚鼠还差不多，就一个俯冲把狼叼上了天。老鹰在半空中忽然发现，叼的不是豚鼠，而是一只狼。老鹰不爱吃狼肉，嘴一张，爪一松，狼摔下来，正好掉在南山上。

狼终于到了南山。可是他连动也没动一下，吭也没吭一声。他被摔死了。

这只兔子意志坚强，不轻易服输。他为了生存而练习格斗，每一招、每一式，都针对如何打败对手——狼。

这只狼总是光想不做，不付诸行动，最后瘦得皮包骨头。

兔子因为每天练习跑步、格斗，变得强壮，躲过了老鹰的袭击。然而狼却没有那么幸运。

最终的结果是：狼一心想吃掉南山的兔子，但是他只想不做，最终不但没吃到兔子，反而被摔死了。

亮点一：写清楚故事的起因、经过和结果。

　　文章中明确的起因、经过和结果，有助于我们把握文章的主要内容。狼多次威胁兔子，兔子每次受到威胁时，都想出了对策：练长跑、练格斗、挖洞。结果狼非但没有吃到兔子，还被摔死了。

亮点二：故事情节一波三折，扣人心弦。

　　要想故事精彩，情节一定要有波折。就如文中的兔子，他面对狼的多次威胁，想出不同的对策，于是就有了练长跑、练格斗、挖洞的情节。一个善于坚持、说干就干、随机应变的兔子的形象逐渐丰满起来。

总评

　　了解了故事的起因、经过、结果，就能准确把握这个故事的主要内容。我们还可以在把握主要内容的基础上，对故事的主要思想进行提炼，以提升理解能力。比如从文中的兔子身上，我们可以感悟到：机智，可以帮助你战胜强大的对手；只要坚持，总会找到出路。

任务一

请你根据《兔子和狼》这个有趣的故事，给下列句子排列顺序。

（　　）兔子开始练格斗。

（　　）第二天，兔子早早地起床练习跑步。

（　　）兔子灵机一动，立即拼命挖洞。

（　　）北山的狼扬言要吃掉南山的兔子。

（　　）狼准备找根树枝，来个撑竿跳，抓住兔子。

（　　）鹰叼走狼，结果狼被摔死在南山。

（　　）狼威胁兔子，一掌就能把他拍成肉饼。

（　　）狼瘦得皮包骨头，兔子长得又高又壮。

任务二

请你用自己的话对兔子和狼分别进行评价，并说一说这样评价的原因。

_____

_____

_____

任务三

狼被摔死之后，故事还在继续，小兔子会怎么做呢？请续编故事。

_____

_____

_____

　　假如故事中的狼改变了想法，那又会发生怎样的故事呢？请你展开想象，尝试把故事的经过详细地写下来。

五

阅读中学说明

9 《蚂蚁世界永不堵车》

语言简明生动，科普故事讲清

/ 背 景 介 绍 /

　　《蚂蚁世界永不堵车》是一篇科普文章，文章介绍了蚂蚁拥有一种令人惊讶的技巧——它们善于相互交流"路况信息"。正是这一本领，让蚂蚁的领地从来不会发生"交通堵塞"的情况。你是不是觉得太神奇了？赶紧往下看吧。

　　阅读方法：阅读简单的说明性文章，感受简明生动的语言。

蚂蚁世界永不堵车

巴雅尔

尽管蚂蚁的视力很差，只能分辨出十几厘米距离以内的简单形状，但是作为地球上数量最多的昆虫之一，它们在自己的领地上却从来不会发生"交通堵塞"的情况。它们在蚁巢附近忙忙碌碌，可是我们却看不到许多蚂蚁挤成一团的情况。这究竟是为什么呢？

德国的科学家通过实验发现，蚂蚁拥有一种令人惊讶的技巧，它们善于相互交流"路况信息"。

研究人员首先在蚁巢附近摆放了一些蚂蚁喜欢吃的糖果食物。然后，在蚁巢和糖果之间建立了一宽一窄两条通道。很快，糖果吸引了大批蚂蚁赶来搬运，蚂蚁们随机地选择通道，于是较窄的那条通道很快变得拥挤起来。但是没过多久，怪事发生了，研究人员发现，当一只蚂蚁从拥挤的窄路上往蚁巢返回时，途中遇到了另一只正打算赶往糖果处的蚂

作者用"十几厘米"这个具体数据来说明蚂蚁的视力差，从而引出全文的核心问题。

文章用词准确，表达有序。用"首先……然后……"这类表示顺序的词，条理清楚地介绍了研究人员实验的过程。

蚁，前者会尽力将后者"顶"向另一条宽敞的通道。而如果前者在路上没有遇到拥挤的麻烦，它就不会这么做了。

此后，研究人员又建立了多条纵横交错的通道。其中路途最短、最宽敞的通道必然成为蚂蚁们的首选，不过只要即将拥堵时，蚂蚁们就开始用身体相互"顶"起来，许多蚂蚁转而走向另外的道路。就这样，每条道路都保持了畅通。很难说蚂蚁这么做究竟是出于自私的行为还是无私的行为，从单个蚂蚁来看，它们似乎没有什么高深的想法，但是从整体来看，它们使用这个小伎俩后，却运行得相当有秩序，这就是群体智能的威力。

这个现象为人们解决城市交通拥堵问题提供了一种新的思路。比如科学家建议，人类社会可以利用新的通信技术，让所有的汽车都能通知迎面而来的车辆，告诉它们可能遇到的交通状况，后者就可以考虑是否改道。这样一来，交通拥堵现象就会大大减少了。

人们从蚂蚁世界"不堵车"现象中得到的启示：利用新的通信技术，改善交通状况。

＼ 写 作 亮 点 ＼

亮点一：准确使用说明方法。

　　说明文以说明为主要表达方式，对客观事物或事理进行介绍解说，阐明其本质和规律，使读者获得相关知识。文章用列数字（如"尽管蚂蚁的视力很差，只能分辨出十几厘米距离以内的简单形状……"）、举例子（如"研究人员首先在蚁巢附近摆放了一些蚂蚁喜欢吃的糖果食物……"）等多种说明方法，介绍了为什么蚂蚁世界永不堵车。

亮点二：语言严谨准确、朴素自然。

　　说明性文章，旨在向人们传达关于自然、社会和日常生活的知识，这些知识是严谨的、科学的、不容臆造的。本文在介绍实验的过程中，语言严谨准确、朴素自然。

总评

　　本文融知识性、科学性、趣味性于一体，在作者笔下，小小的蚂蚁会相互交流前方的"路况信息"，会把同伴"顶"到宽敞的道路上。文章用词精准妥帖，使得原本深奥难懂的科学语言变得通俗化、趣味化了。

任务一

为了寻找蚂蚁世界"不堵车"的原因，科学家做了两次实验，分别是
_____，_____。科学家
在这两次实验中有一个共同的发现：_____。

任务二

读下列句子，回答问题。

比如科学家建议，人类社会可以利用新的通信技术，让所有的汽车都能
通知迎面而来的车辆，告诉它们可能遇到的交通状况，后者就可以考虑
是否改道。

判断上面的句子运用了什么说明方法，这样写的好处是什么？

_____

_____

任务三

说明性文章的语言简明生动，如第 1 自然段画"＿＿＿＿"的句子中的"只
能""但是""却"等词语，把蚂蚁视力差却不会发生"交通堵塞"这
一情况自然道出，引出问题，引发思考，激发读者的阅读兴趣。从文中
找出类似的语句并体会这样写的好处。

语句：_____

好处：_____

　　科学就在我们身边，你平时是否有做科学小实验的爱好？做科学小实验，不仅让我们在玩中懂得了科学道理，还锻炼了我们的动手能力，真是两全其美。模仿文章的写法，尝试写一写你做过的一次科学小实验。

10 《卫星比武》

抓住鲜明特点，清楚介绍事物

《卫星比武》是一篇文艺性的说明文，文章通过讲述同学们所看电影的内容来介绍卫星，直观形象，趣味性强；重点用拟人手法，生动形象地介绍了五种人造地球卫星的外形特点和功能。

阅读方法：阅读文章时，关注作者是如何抓住事物鲜明的特点进行介绍的。

卫星比武

航天技术培训中心的放映厅里，一百多名参加航空夏令营活动的同学，正在兴致勃勃地观看《卫星比武》的电影。

大型的宽银幕上，一枚巨大的火箭拔地而起，尾部喷射着炽烈的火焰，扶摇直上蓝天。十几秒钟以后，垂直上升的火箭开始拐弯，宛如一条白龙在长空飞行。约莫过了十来分钟，卫星脱离火箭，循着一定的轨道环绕地球旋转。

"约莫"一词体现了作者严谨的科学态度及语言运用的准确性。

伴随着这壮观的画面，传来了解说员阿姨甜美的声音："在科学技术迅猛发展的今天，人们用自己的勤劳和智慧，制造出许许多多卫星，用火箭把它们送上太空，跟月球一道绕着地球运行。自1957年苏联第一颗人造卫星上天以来，人类成功地发射了许多卫星。根据不同的用途，人造卫星可以分为侦察卫星、气象卫星、导航卫星、通信卫星、资源卫星、营救卫星……它们在太空大显身手，争相为人类做贡献。"

卫星比武开始了。银幕上首先登场的是身插双翅、形似大鹏的侦察卫星。它举起照相机，警觉地搜索军事目标，一会儿拍摄飞机、潜艇，一会儿拍摄隐蔽在树林里的坦克、大炮。它十分得意地说："我能看到士兵在营房里走动，人们在树荫下歇息；还能从汽车的轮迹、战马的蹄印上，推算出部队转移的情况和指挥部所在的位置。"

刹那间，地球上空云层起伏，气象卫星扇动着双翼，慢悠悠地飞来。它取出红外照相机，给地球拍了一张又一张云图，并将云图编成电码，迅速地发给地球。它还及时发出紧急信号，预告某地的台风或飓风就要来临，让大海中的轮船迅速驶进港湾。气象卫星庄重地宣布："只要有我存在，人们就可以减少风灾、水灾所造成的损失。"

第三个登场的是导航卫星。它像一只悬挂在天上的宫灯，有节奏地摆来摆去，还不断地发出银铃般的叫声："我在这儿，我在这儿……"海上的船舶，水下的潜艇，空中的飞机，听见它的叫声，就按它所指引的航向，准确地开往目的地。

第四个登场的是通信卫星。它身上贴满了太阳能电池，头上有一个喇叭形的天线装置，在三万六千米的高空，跟地球同步运行。它敏捷地把地面上的电报、电话和电视发出来的大量信息，准确无误地转发出去。通信卫星很有把握地说："只要有我存在，保管地球上所有的人，都能通信联络，看到电视。"

第五个登场的是资源卫星。它挺着大肚皮，捧着光谱相机、红外相机、微波辐射仪和测试雷达，不停地给地球上的陆地和海洋拍照，再把得到的各种信息，分门别类地进行整理，然后分发给地球上的各个用户。人们利用这些信息绘制地图，勘测矿藏，捕捞鱼虾，保护环境……所以它自豪地宣称："我每天都在为人类创造巨大的财富。"

"挺着""捧着"，文章采用拟人的修辞手法，不仅把抽象复杂的事物介绍得通俗易懂，还增强了文章的趣味性、可读性。

后来，银幕上又接连出现了各式各样的卫星。它们的外形千姿百态，有的是球体，有的是长方体，有的是圆柱体，有的是多面棱柱体……真是琳琅满目，使人目不暇接。

解说员阿姨兴奋地说："卫星比武，难分高低。在当今科学技术革命的浪潮里，它们各显神通，都为人类做出了巨大的贡献！"

＼ 写 作 亮 点 ＼

亮点一：运用多种说明方法介绍某种事物。

写说明文时，我们往往综合运用多种说明方法来介绍事物。

本文采用了大量打比方的说明方法来介绍各种卫星的外形和功能，语言生动，同时还有列数字、举例子等说明方法。请大家在文中找一找。

亮点二：抓住事物鲜明的特点进行介绍。

要抓住事物鲜明的特点进行介绍，可以学习本文的写法，用一个段落对一种卫星进行重点阐述，先介绍外形，再介绍功能。这样就能让读者很快抓住文章的要点，了解每种卫星的主要特点。

总评

一篇优秀的说明文，往往写作思路比较清晰，表达清楚、结构严谨。在用词上，准确严谨是说明文的一大特点，运用恰当的说明方法能够将事物介绍清楚，使读者准确认识该事物。

任务一

联系全文可知，这篇文章介绍了_____、_____、_____、_____、_____这5种卫星的外形特点和功能。文章在介绍几种卫星时，写法基本一致。先介绍_____，再介绍_____，最后_____。

任务二

读下列句子，按要求作答。

它挺着大肚皮，捧着光谱相机、红外相机、微波辐射仪和测试雷达，不停地给地球上的陆地和海洋拍照，再把得到的各种信息，分门别类地进行整理，然后分发给地球上的各个用户。

文中多处把卫星当作人来写，语言活泼，说明方法多样。读读上面的句子，体会这样表达的效果，并从文中摘抄类似的句子。

任务三

文中介绍了几种卫星？从中选择你印象最深的一种，提取关键信息，介绍一下它的外形特点或功能。

_____

_____

_____

假如你是卫星设计专家，你想让什么样的卫星升入太空？请你模仿文章介绍各种卫星的外形特点和功能的写法，再介绍一种卫星，有兴趣的同学可以为自己的设计配上图片。

六

阅读中学想象

11 《三峡之秋》

融入丰富想象，描绘身边景物

/ **背 景 介 绍** /

　　《三峡之秋》是现代作家方纪的一篇写景散文。文中作者按照早晨、中午、下午、夜晚的时间顺序，抓住不同时段景物的特点，运用多种修辞手法进行具体形象的描写，展现了雄奇壮丽的秋之三峡的景色。这样的美景，需要我们用心去感受，用心去品味，赶快看看吧！

　　阅读方法： 作者在描绘景物时融入自己的感受和丰富的想象，使景物更加生动形象。

— 文章梳理 —

三峡之秋

方纪

三峡的秋天，从大江两岸的橘树和柚树开始。这些树，生长在陡峭的山岩上，叶子也如同那青色的岩石一般，坚硬、挺直。越到秋天，它们越显出绿得发黑的颜色；而那累累的果实，正在由青变黄，渐渐从叶子中间显露出来。就在这时候，它们开始散发出一种清香，使三峡充满了成熟的秋天的气息。

早晨，透明的露水闪耀着，峡风有些凉意，满山的橘树和柚树上仿佛撒了一层洁白的霜，新鲜而明净。太阳出来，露水消逝了，橘树和柚树闪烁着阳光。三峡中又是一片秋天的明丽。

中午，群峰披上金甲，阳光在水面上跳跃，长江也变得热烈了，像一条金鳞巨蟒，翻滚着，呼啸着，奔腾流去；同时又把它那激荡的、跳跃的光辉，

作者在描摹景物时，调动多种感官，从视觉、嗅觉等角度，写出三峡充满了成熟的秋天的气息。

作者运用比喻、拟人等修辞手法，把长江比作一条巨蟒，所过之处，一片金黄，生动形象地表现出中午景象热烈的特点。

071

投向两岸陡立的峭壁。于是，整个峡谷，波光荡漾，三峡又充满了秋天的热烈气息。

下午，太阳还没有落，峡里早起了一层青色的雾。这使得峡里的黄昏来得特别早，而去得特别迟。于是，在青色的透明的黄昏中，两岸峭壁的倒影，一齐拥向江心，使江面上只剩下一线发光的天空，长江平静而轻缓地流淌，变得像一条明亮的小溪。

夜，终于来了。岸边的渔火，江心的灯标，接连地亮起，连同它们在水面映出的红色光晕，使长江像是眨着眼睛，沉沉欲睡。偶尔有赶路的驳船驶过，响着汽笛，在江面划开一条发光的路。于是，渔火和灯标，像惊醒了一般，在水面上轻轻地摇曳。

渔火、灯火接连亮起，使三峡充满动感和活力，让人觉得三峡秋天的夜色美不胜收。

也许由于这里的山太高，峡谷太深，天空太狭小，连月亮也来得很迟很迟。起初，峡里只能感觉到它朦胧的青光，和黄昏连在一起。也不知在什么时候，它忽然出现在山上。就像从山上生长出来，是山的一部分，像一块巨大的，磨平、发亮的云母石。这时，月亮和山的阴影，对比异常明显——山是墨一般的黑，陡立着，倾向江心，仿佛就要扑跌下来；而月亮，从山顶上，顺着深深的、直立的谷壑，把它那清冽的光辉，一直泻到江面。就像一道道瀑布，凌空飞降；又像一匹匹素锦，从山上挂起。

这一天，正是中秋。

作者运用比喻手法，形象生动地勾勒出月亮的形象。作者在描绘景物时融入自己丰富的想象，写出了在静谧的中秋之夜，晶莹剔透的月亮与山石和谐相生、相伴的美丽情景。

＼ 写 作 亮 点 ＼

亮点一：把景和感受融合起来写。

作者看到"赶路的驳船驶过"，进而产生"渔火和灯标，像惊醒了一般，在水面上轻轻地摇曳"的感受。

在写景时融入感受，能使情与景高度融合，将景物刻画得更加形象、逼真。

亮点二：描绘景物时融入自己丰富的想象。

把闪耀着的"透明的露水"比作"一层洁白的霜"，显得橘树和柚树更加生机勃勃。丰富的想象使景物的描写更加形象、生动，充满画面感，字里行间洋溢着作者对景物的喜爱之情。

总评

三峡之秋给人的第一感觉就是成熟，作者按时间的顺序，向我们展示了秋天的三峡在一天之内不同时段的美。同时，作者抓住景物的特点，在描绘景物时融入自己的感受和丰富的想象，使景物更加生动形象地展现在读者面前。

任务一

作者按照时间顺序写三峡的美，请概括不同时间段三峡的特点。

早晨：（　　　） 中午：（　　　） 下午：（　　　） 夜里：（　　　）

任务二

文章多处运用比喻、拟人的修辞手法，使景物描写形象生动，引发读者联想，给人以美的享受。请读下面的句子，判断各自的修辞手法。

（1）长江像是眨着眼睛，沉沉欲睡。（　　　）

（2）而月亮，从山顶上，顺着深深的、直立的谷壑，把它那清冽的光辉，一直泻到江面。就像一道道瀑布，凌空飞降；又像一匹匹素锦，从山上挂起。（　　　）

（3）中午，群峰披上金甲，阳光在水面上跳跃。（　　　）

任务三

文章第1自然段在描写景物时，借助视觉描写、嗅觉描写，呈现了橘树和柚树果实累累，散发出清香，使三峡充满了成熟的秋天的气息。文中像这样借助多种感官描写景物的地方很多，请你找找，并摘录下来，想想这样写的好处。

_____

_____

_____

　　大自然是多姿多彩的，如何把我们看到的景物记录下来呢？我们可以向本文的作者学习，在描绘景物时融入自己的感受和丰富的想象，使景物描写更加生动形象。请你尝试写一个小片段。

12 《我的家在月亮上》

调动多种感官，丰富想象角度

/ **背景介绍** /

《我的家在月亮上》是一篇知识性童话，内容浅显易懂，极富童趣，从题目到内容都运用了拟人的修辞手法。作者想象自己在月亮上做了许多有趣的事，比如荡秋千、和玉兔玩、吃星星果等，想象奇特有趣。

阅读方法：调动多种感官，品味文字，想象画面，体会作者奇特有趣的想象。

我的家在月亮上

萧袤

一天，我家搬到了月亮上，住进一座蘑菇形的小屋！每个月过了农历十五，小屋会越来越挤。但是我知道，一切都会好起来的——十五月圆之时，就是我家最宽敞的时候。

门前，有一棵桂花树。桂花的清香，飘满了小屋的庭院。我喜欢在桂花树下荡秋千。秋千荡得可高啦！

我的好邻居——改行种树的吴刚叔叔好心地提醒我："小心哪，别荡到月亮外面去了！"

吴刚叔叔送给我一些桂花树种。我打算把它们带到地球上，送给表哥，种在沙漠里。月亮上的桂花树可耐旱了，什么地方都能长。嫦娥阿姨把玉兔送给我当宠物。它身上的毛，像月光一样洁白，真让人喜欢。

根据我们平时的生活经验，房屋的大小是不会变的。可是，在作者的笔下，小屋的大小会随时间变化而改变，这样的想象太神奇了。

爸爸和妈妈开垦了许多荒地，整天忙碌也不觉得累。月牙形的香蕉、圆月形的苹果、一年收获十二季的稻子……所有的果实都晶莹发亮，太美了！有时候，流星落下来，妈妈会把它们捡起来，种在地里。过不了多久，流星开出美丽的星星花，星星花结出星星果。星星果特别好吃，嚼起来还会冒出一闪一闪的星光呢。

从地球上带来的小狗总想吃月亮。它很苦恼，因为它不知道月亮跑到哪儿去了。我告诉它："月亮就在我们的脚底下。""汪——"小狗瞪大眼睛不相信。等它明白过来，竟不知道从哪儿下嘴："汪汪！月亮太——太大了。"

我们全家随着月亮一起，绕着地球飞呀飞呀。要是我想爷爷奶奶了，就飞到老家的窗口。爷爷看见月亮里我的笑脸，惊喜地告诉奶奶，奶奶以为自己在做梦呢。有时候，月亮从海上升起，爸爸会趁机抛下渔网，捞一些鱼虾上来。当月亮从山背后落下时，妈妈会迅速跳下去，采回许多野花。碰上月全食，我和爸爸妈妈就甜甜地睡上一觉。

哦，我的家在月亮上……

原来在月亮上可以做这么多好玩的事：捡流星、种流星、吃星星果……在画面的切换中，我们感受到作者想象的奇特。

作者将动物与人相关联，充分发挥联想和想象，使人与动物的沟通畅通无阻，彼此心有灵犀。

调动多种感官，品味文字，边读边想象画面，我们不仅会"看"到"月亮里我的笑脸"，还可能会"听"到鱼虾被捞上来时爸爸的欢呼声，"闻"到野花的香味……

╲ 写 作 亮 点 ╱

亮点一：联系生活经验，使想象更符合客观实际。

人总是根据自己的现实生活和感觉经验进行想象。比如文中作者想象把流星捡起来，将它种在地里，流星开出星星花，结出星星果……这一想象就结合了生活经验，符合"播种—开花—结果"的客观实际。

亮点二：调动多种感官，从不同角度展开想象。

作者调动多种感官，如嗅觉写桂花的清香"飘满了小屋的庭院"，视觉写"所有的果实都晶莹发亮"，写星星果"嚼起来还会冒出一闪一闪的星光"等，想象了我们一家人在月亮上生活的情景。从不同角度展开想象，使笔下的景物呈现出新奇的样态。

总评

本文最大的写作特色是作者奇特有趣的想象，比如"吴刚叔叔好心地提醒我：'小心哪，别荡到月亮外面去了！'"读着这样的句子，我们不禁为作者的奇特想象拍手叫好。再如"嫦娥阿姨把玉兔送给我当宠物"，这样的想象符合现实生活的人情世故，读起来倍感温馨。

任务一

文章哪些地方你认为想象最大胆、最有趣，说说理由。

任务二

文中涉及了哪两个神话故事中的人物？与神话故事中的情节相比，他们在文中发生了哪些变化？变化的原因可能是什么？

任务三

你想把什么种子种进月亮上的土壤里呢？大胆地展开想象吧。

作者在月亮上还会做哪些有趣的事呢？请你大胆展开想象，续写童话故事；也可以从文中的趣事，如在桂花树下荡秋千、种流星等中选一个，扩写成小故事。

七

阅读中表观点

13 《我的信念》

运用具体事例，说明主要观点

背景介绍

　　《我的信念》是科学家玛丽·居里在晚年回顾一生时所写文章，展示了她作为科学家的性格特点以及作为普通人的兴趣、爱好和情操。文章先概括说明作为一个人，要有坚忍不拔的精神，要有信心，以此来统领全篇，再用典型材料进行表述，语言质朴，情感真诚，整体夹叙夹议。

　　阅读方法：了解作者的观点，掌握用具体事例说明观点的方法。

我的信念

玛丽·居里

生活对于任何一个人都非易事。我们必须有坚忍不拔的精神，最要紧的，还是我们自己要有信心。我们必须相信，我们对每一件事情都具有天赋的才能。并且，无论付出多大代价，都要把这件事完成。当事情结束的时候，你要能够问心无愧地说："我已经尽了我的所能。"

有一年春季，我因病在家里休息。我注视着女儿们所养的蚕，蚕结着茧子，这使我很感兴趣。望着这些蚕固执地、勤奋地工作，我感到我和它们非常相似。像它们一样，我总是耐心地把精力集中在一个目标上，这或许是因为有某种力量在鞭策着我——正如蚕被鞭策着去结它的茧子一般。

近 50 年来，我致力于科学的研究，我丈夫和我在简陋的环境里专心致志地研究，像在梦幻中一般。后来我们发现了镭。

文章开篇陈述观点，统领全文。开门见山，直奔主题。

作者为证明自己的观点，以蚕的结茧作比，说明自己对待工作固执、勤奋而专注。

作者回忆近 50 年来的生命历程，呼应了开篇提出的"坚忍不拔"的观点。

我一生中，总是追求安静的工作和简单的家庭生活。为了实现这个理想，我尽力保持宁静的环境，以免受人事和盛名的侵扰。

我觉得，在科学方面，我们有对事而不是对人的兴趣。当皮埃尔·居里和我决定是否在我们的发现上获取经济利益时，我们都认为获取经济利益违反了我们的纯粹研究观念，因而我们没有申请专利。当然，这意味着我们抛弃了一笔财富。我坚持我们是对的。诚然，人类需要寻求现实的人，他们在工作中获得很大的报酬。但是，人类也需要梦想家——科学研究强烈地吸引着他们，使他们忘我地工作，没有闲暇，也无热情去谋求物质上的利益。我唯一的奢望，是在一个自由国家中，以一个自由学者的身份从事研究工作。因为在 24 岁以前，我一直居住在被占领被蹂躏的波兰。我估量过法国自由的价值。

我并非生来就是一个性情温和的人。许多像我一样敏感的人，即使受了一言半语的苛责，也会过分懊恼。从我丈夫温和沉静的性格中，我获益匪浅。当他猝然去世以后，我便学会了忍耐。年纪渐老，我愈会欣赏生活中的种种琐事，如栽花、植树、建筑，对朗诵诗歌和眺望星辰，也有一点兴趣。

我一直沉醉于世界的优美之中，我所热爱的科学也不断展现它崭新的远景。我认定科学本身就具

居里夫妇放弃申请镭的专利，丝毫不存名利之想，这一具体事例折射出他们无私奉献的精神。

作者热爱科学，向往未来，立足现实，埋头工作。她对科学研究的极大兴趣和极大热情，正是她取得举世瞩目的巨大成就的关键之所在。

有伟大的美。一位从事研究工作的科学家，不只是
一个技术人员，而且，他更像一个小孩儿，迷醉在
如同神话故事一样的大自然中。科学的这种魅力，
就是我终身能够在实验室里埋头工作的主要原因。

亮点一：选择的事例有说服力。

在文章中亮明观点后，要围绕观点，用具体的事例证明自己的观点。在选用事例时，首先要考虑事例与观点的关系——观点要能统领事例，事例要能证明观点；用典型的事例来证明观点，会增强文章的说服力。

亮点二：有序组织事例来证明观点。

我们不仅要敢于表达自己的观点，还要有理、有据、有序地论证自己的观点，这就需要考虑选取哪些事例，什么事例放在前，什么事例放在后，更有利于对观点的证明。

总评

用具体事例来证明观点的方法，其实大家在学习、生活中时常用到。比如你和同学有分歧，你肯定会先说明自己的观点，表明自己不同意同学的观点，然后举例说明自己为什么这么想。在辩论的时候，更需要这种用具体事例来证明观点的方法。

任务一

文中最能表达作者观点的是哪句话？

_____

作者对"蚕结着茧子"感兴趣的原因是：_____

_____。

"这或许是因为有某种力量在鞭策着我"，你觉得"某种力量"指的

是：_____。

任务二

作者认为"人类也需要梦想家"，"梦想家"最基本的特征是什么？从

哪一件事可以看出作者就是这样的"梦想家"？对此你有什么感想？

_____

_____

_____

任务三

文章运用事例来证明观点的写作方法值得借鉴。在文中找一找这样的相

关段落，体会它的好处。

_____

_____

_____

　　请仿照文章，用具体事例说明一个观点。下笔前需要注意：首先要明确自己的观点，如"有志者事竟成""挫折是人生最好的老师"；然后围绕观点选取事例，选取的事例要有说服力。

14 《我很重要》

抓住关键语句，把握主要观点

╱ 背 景 介 绍 ╱

《我很重要》一文是毕淑敏对生命个体是否重要这一命题的独特思考。文章以"我不重要—我不重要吗—我很重要"这样的逻辑顺序安排材料。为了表明"我"的重要性，作者分别从亲情、友情、工作和事业3个方面来阐述，有理有据，真挚感人。

阅读方法：抓住关键语句，把握文章的主要观点。

我很重要

毕淑敏

许多年来，很少有人敢在光天化日之下表示自己"很重要"。作为一名普通士兵，与辉煌的胜利相比，我不重要。作为一个单薄的个体，与浑厚的集体相比，我不重要。作为随处可见的一分子，与宝贵的物质相比，我不重要。

我们——简明扼要地说，就是每一个单独的"我"——到底重要还是不重要？

对于我们的父母，我们永远是不可重复的孤本。无论他们有多少儿女，我们都是独特的一个。

假如我不存在了，他们就空留一份慈爱，在风中蛛丝般飘荡。

假如我生了病，他们的心就会皱缩成石块，无数次向上苍祈祷我的康复，甚至愿灾痛以十倍的烈度降临于他们自身，以换取我的平安。

> 微小的"我"与广大的社会相比，"我"是微不足道的。开篇提出"我不重要"的反面观点，是为了引出下文，并阐明自己的观点。

> 作者从"我"不存在了、"我"生病了、"我"成功了3种情况展开叙述，道出了在这无法承载的亲情下，"我"很重要。

我的每一滴成功，都如同经过放大镜，进入他们的瞳孔，摄入他们的心底。

假如我们先他们而去，他们的白发会从日出垂到日暮，泪水会使太平洋为之涨潮。

面对这无法承载的亲情，我们还敢说我不重要吗？

相交多年的密友，就如同沙漠中的古陶，摔碎一件就少一件，再也找不到一模一样的成品。面对这般友情，我们还好意思说我不重要吗？

我很重要。

我对于我的工作我的事业，是不可或缺的主宰。我的独出心裁的创意，像鸽群一般在天空翱翔，只有我才捉得住它们的羽毛。我的设想像珍珠一般散落在海滩上，等待着我把它们用金线串起。我的意志向前延伸，直到地平线消失的地方……

没有人能替代我，就像我不能代替别人。

我很重要。

我对自己小声说。我还不习惯嘹亮地宣布这一主张，我们在不重要中生活得太久了。

是的，我很重要。我们每个人都应该有勇气这

作者把密友比喻成沙漠中的古陶，非常形象而贴切地道出了在朋友心中"我很重要"。

作者用多个形象的比喻，阐明了"我"对于"我"的工作和事业是不可或缺的主宰，再次证明"我很重要"。

样说。我们的地位可能很卑微，我们的身份可能很渺小，但这丝毫不意味着我们不重要。

重要并不是伟大的同义词，它是心灵对生命的许诺。人们常常从成就事业的角度，断定我们是否重要。但我要说，只要我们在时刻努力着，为光明在奋斗着，我们就是无比重要地生活着。

让我们昂起头，对着我们这颗美丽的星球上无数的生灵，响亮地宣布——我很重要。

亮点一：文章的主要观点通过关键句来体现。

作者的观点往往通过关键句告知读者。以文中"我"的事业为例，我们可以借助这两个关键句"我对于我的工作我的事业，是不可或缺的主宰"和"没有人能替代我，就像我不能代替别人"，读懂作者的观点——我很重要。把握文章的主要观点，要学会抓住各个关键句。

亮点二：欲扬先抑，形成鲜明对比。

文章开篇运用排比句式说"我不重要"，跟后面的"我很重要"形成鲜明强烈的对比，这是欲扬先抑的写作手法。采用欲扬先抑的写作手法，通过强烈的反差，使文章观点更鲜明，更有说服力。

总评

阅读时，要注意文章的观点不一定等同于关键句。我们可以这样理解观点和关键句的关系：观点是作者想告诉我们的意思，或者是作者写这篇文章的目的；而关键句则是作者在写这篇文章时，为了让读者理解自己的意思或目的，而有意写出来证明这个意思或目的的正确性的句子。

| 阅 读 理 解 |

任务一

本文作者想要阐明的观点是＿＿＿＿＿＿＿＿，她从＿＿＿＿＿＿、
＿＿＿＿＿＿＿、＿＿＿＿＿＿＿3 个方面进行阐述。

任务二

读下列句子，回答问题。

相交多年的密友，就如同沙漠中的古陶，摔碎一件就少一件，再也找不
到一模一样的成品。

①在这句话中，作者把＿＿＿＿＿＿＿比作＿＿＿＿＿＿＿，
两者的相似点是：＿＿＿＿＿＿＿＿＿＿＿，这样写的好处是：
＿＿＿＿＿＿＿＿＿＿＿＿＿＿＿＿＿。

②本文充满了哲理，尤其是比喻修辞手法的使用，贴切、生动地表达了
作者的观点，请你从文中再选一个比喻句，写下你的体会。

比喻句：＿＿＿＿＿＿＿＿＿＿＿＿＿＿＿＿
体会：＿＿＿＿＿＿＿＿＿＿＿＿＿＿＿＿＿

任务三

"重要并不是伟大的同义词，它是心灵对生命的许诺。"你认为这句话
是全文的关键句吗？请结合自己的生活实际，说说自己的看法。

＿＿＿＿＿＿＿＿＿＿＿＿＿＿＿＿＿＿＿＿＿＿＿＿
＿＿＿＿＿＿＿＿＿＿＿＿＿＿＿＿＿＿＿＿＿＿＿＿
＿＿＿＿＿＿＿＿＿＿＿＿＿＿＿＿＿＿＿＿＿＿＿＿
＿＿＿＿＿＿＿＿＿＿＿＿＿＿＿＿＿＿＿＿＿＿＿＿

作者通过多方面举例，充分阐明自己的观点——我很重要。你也可以模仿文章的写法，从一个方面来证明"我很重要"。当然也可以写别的观点，请你围绕一个观点进行阐述，尝试用上恰当的修辞手法。

八

阅读中析人物

15 《船长》

借助语言动作，体会人物品质

/ 背景介绍 /

　　《船长》选自法国著名作家雨果的短篇小说。这篇文章讲述了哈尔威船长在轮船被撞毁的危急时刻，镇定自若，视死如归，指挥乘客和船员有秩序地乘救生艇脱险，自己却坚守在船长岗位上，随着轮船一起沉入深渊的故事。相信你读完这篇文章后，脑海里会浮现出哈尔威船长那高大的形象。

　　阅读方法：从人物的语言、动作等描写中感受人物的品质。

船长

维克多·雨果

1870 年 3 月 17 日夜晚，哈尔威船长像平常一样，把"诺曼底"号轮船从南安普敦开往格恩西岛。

薄雾笼罩着大海。突然，沉沉夜雾中冒出一个阴森森的往前翘起的船头。那是正在全速前进的"玛丽"号巨轮，它直向"诺曼底"号的侧舷撞过来。只听一声巨响，"诺曼底"号的船身一下被剖开了一个大口子。船发生了可怕的震荡。顷刻间，所有的人都奔到甲板上，男人、女人、孩子，半裸着身子，奔跑着，呼喊着，哭泣着，海水猛烈地涌进船舱。

"奔跑着，呼喊着，哭泣着"，形象地勾勒出人们在突如其来的灾难面前惊慌失措、惊恐万分的场景，让读者深切感受到灾难的可怕与当时甲板上的混乱。

哈尔威船长站在指挥台上，大声吼道："大家安静，注意听命令！把救生艇放下去。妇女先走，其他乘客跟上，船员断后。必须把 60 人全都救出去！"

一个"吼"字，突出了生死攸关之时哈尔威船长的果断、沉着。

实际上船上一共有 61 人，但是他把自己给忘了。

船员赶紧解开救生艇的绳索。大家一窝蜂拥了上去，险些把小艇弄翻了。奥克勒大副和三名二副拼命维持秩序，但整个人群简直像疯了似的，乱得不可开交。

就在这时，船长威严的声音压倒了一切呼号和嘈杂，黑暗中人们听到一段简短有力的对话：

"洛克机械师在哪儿？"

"船长叫我吗？"

"炉子怎么样了？"

"被海水淹了。"

"火呢？"

"灭了。"

"机器怎样？"

"停了。"

船长喊了一声："奥克勒大副！"

大副回答："到！"

船长问道："还能坚持多少分钟？"

"20分钟。"

"够了，"船长说，"让每个人都到小艇上去。

简短有力的对话形象地再现了当时情况的危急，充分展现了哈尔威船长在面对灾难时的威严、果断、冷静。

100

奥克勒大副，你的手枪在吗？"

"在，船长。"

"哪个男人敢走在女人前面，你就开枪打死他！"

大家沉默了，没有一个人违抗他的意志，人们感到有个伟大的灵魂出现在他们上空。

"玛丽"号也放下救生艇，赶来搭救因它肇祸而遇险的人员。

救援工作进行得井然有序，几乎没有发生什么争执或斗殴。

哈尔威巍然屹立在他的船长岗位上，沉着镇定地指挥着，控制着，领导着。他把每件事和每个人都考虑到了，他仿佛不是在给人而是给灾难下达命令，一切似乎都在听从他的调遣。

"快救克莱芒！"船长喊道。

克莱芒是见习水手，还不过是个孩子。

轮船在慢慢下沉。人们尽力加快速度划着小艇在"诺曼底"号和"玛丽"号之间来回穿梭。"动作再快点！"船长又叫道。第 20 分钟到了，轮船沉没了。船头先下去，很快船尾也浸没了。

船长哈尔威屹立在舰桥上，一个手势也没有做，一句话也没有说，随着轮船一起沉入了深渊。人们透过阴森可怖的薄雾，凝视着这尊黑色的雕像徐徐沉入大海。

哈尔威船长一生都要求自己忠于职守，履行做人之道。面对死亡，他又一次运用了成为一名英雄的权利。

这是对哈尔威船长的特写，突出了他恪守古老的航海传统，用自己的生命诠释了什么是真正的船长，什么是真正的英雄。他用自己的生命捍卫了船长的尊严。

＼ 写 作 亮 点 ＼

亮点一：通过语言描写，表现人物的品质。

成功的语言描写总是能鲜明地展现人物的性格，深刻地反映人物的品质。

轮船遇险后，哈尔威船长"大声吼道"，一段"简短有力的对话"中，他几次下达命令，一切似乎都在听从他的调遣。他在危急中还不忘抢救见习水手克莱芒，这些都突出了他面对危险镇定自若，将个人生死置之度外的高尚品质。

亮点二：运用特写镜头，表现人物的品质。

"船长哈尔威屹立在舰桥上，一个手势也没有做，一句话也没有说，随着轮船一起沉入了深渊。"这是一个典型的特写镜头，展现了船长视死如归、犹如铁铸一般的高大形象。

总评

作者集中笔墨描写船长的言行，成功地塑造了这一人物形象。船长的语言简洁明了，突显了他在指挥过程中的威严；沉船时，他没有豪言壮语，犹如一座丰碑屹立在舰桥上，人物形象丰满、鲜活，引发读者产生强烈的共鸣。

任务一

这篇文章主要写了 _____

_____。

文章主要抓住哈尔威船长的 _____ 进行描写，让我们认识了一个

_____、_____、_____的船长。（用四字词语概括）

任务二

读下面的句子，你感受到了什么？

"快救克莱芒！"船长喊道。

"动作再快点！"船长又叫道。

_____

文中为什么多次提到"雾"？

_____

_____

任务三

通过语言、动作描写能够表现人物品质，本文语言简练，着重描写了船

长和船员的对话，有何用意？谈谈你的看法？

_____

_____

　　你的身边一定有值得你称赞的人，你可以通过语言描写，
运用特写镜头来展现他某一方面的品质。要想人物形象鲜活、
丰满，一定要有具体的事例。

16 《汪老师的健忘攻略》

关注人物描写，感受人物特点

/ 背景介绍 /

《汪老师的健忘攻略》一文描述了汪老师各种"健忘"的表现：忘带点名册、忘带课本、忘带教案、忘改作业……整整一学期，汪老师屡屡出状况，这样丢三落四的汪老师会被校长开除吗？我们来看一看吧！

阅读方法：从人物的语言、神态、动作等描写中感受人物的特点。

汪老师的健忘攻略

吴正毅

看到汪老师在讲台上翻来找去，胡小冰的心紧了一下：一定又忘带什么东西了！

汪老师是这学期才调到晨光小学来的。开学第一天，他笑眯眯地向大家做了自我介绍，接着翻了翻教案，忽然皱起眉头说："哎呀，我忘记带点名册了！这样吧，请大家简单地介绍一下自己。"

胡小冰觉得自己作为语文课代表，应该第一个发言，便主动站起来："我叫胡小冰，性格很活泼，一点都不像我的名字一样'冷冰冰'……"汪老师赞许地点点头，表扬她表达清晰，态度大方。

接着，同学们积极发言，都得到了汪老师的表扬。轮到陆落了，他挠挠脑袋说："我叫陆落，我的特点就是耳朵特别大！"

同学们哈哈大笑起来，汪老师也笑了："很好，

文章开场就对汪老师的神态、动作、语言进行描写，突出健忘的特点。

107

一下子描述出了自己外貌上最大的特点，请继续。"

"我最喜欢做的事情是踢足球，最讨厌的事情是……背课文。"

这个家伙居然敢在语文老师面前说讨厌背课文！大家都等着汪老师的反应，没想到汪老师笑着说："陆落同学很诚实。今天大家的自我介绍都很精彩，稍做整理，就是一篇很好的口头作文。"

什么？这样写作文也太简单了吧！

下课后，同学们一起议论这位有趣的新老师，最擅长起绰号的陆落，给汪老师起了一个外号——忘老师。

这不，第二天的语文课上，汪老师又宣布道："真是不好意思，我忘了带课本。"

同学们面面相觑，老师还能忘带课本？

汪老师通过忘带课本这一借口，调动大家读书的积极性，这是汪老师教学智慧的体现。

汪老师继续说："今天，我们要学习《金色的草地》这篇课文，谁能帮助我来朗读一下呢？"

胡小冰自告奋勇，承担了这个任务。她读得声情并茂，汪老师连连称赞："非常好！但我还想听听不一样的味道。陆落，你读一下。"

陆落结结巴巴地读完了课文，汪老师却夸奖道：

"读得很有童趣，如果课后还能多读读就更好了。"

可是，接下来大家发现，汪老师讲起课来滔滔不绝，精彩有趣，根本不需要课本。大家糊涂了。

整整一学期，汪老师屡屡出状况：有时忘了带教案，就请同学们上来完成上课的环节；有时忘了改作业，就让同学们互相批改……

陆落郑重地和胡小冰讨论，汪老师这样丢三落四的，会不会被严厉的校长开除啊？

汪老师当然不会被开除啦。因为，期末考试的时候，他们班的语文成绩遥遥领先。

虽然孩子们糊涂了，但是汪老师并不糊涂，这一切都是他事先安排好的。在这些看似无意的"健忘"事件中，汪老师的形象逐渐丰满起来。

＼ 写 作 亮 点 ＼

亮点一：通过神态描写表现人物的特点。

纵观全文，我们可以发现汪老师的神情与"笑"分不开，无论同学的表现如何，他总是笑着鼓励大家，一个和蔼可亲的老师形象跃然纸上。

亮点二：通过语言和动作描写展现人物内心。

为什么汪老师总是说自己忘了带这个、忘了带那个？不是他记性不好，而是他有意为之。他心里时刻装着学生，想让他们学有所成。传神的语言和动作描写可以让读者了解人物内心的想法。

总评

文章通过刻画人物的语言、动作、神态等，把汪老师的人物形象鲜活地展现在读者面前。没有讲理、没有说教，而是通过一个个的事例，让人物形象逐渐丰满起来，读起来耐人寻味。

阅 读 理 解

任务一

读文中画横线的部分，我感觉汪老师是一个＿＿＿＿＿＿＿的老师。

读下面的句子，回答问题。

整整一学期，汪老师屡屡出状况：有时忘了带教案，就请同学们上来完成上课的环节；有时忘了改作业，就让同学们互相批改……

汪老师真的健忘吗？他为什么屡屡出状况？省略号可能省略了哪些事情？

_____

_____

任务二

文章对学生的语言和动作进行了细致的描写，这样写有什么作用？

_____

_____

_____

任务三

你喜欢汪老师这样的老师吗？说说理由。

_____

_____

_____

　　生活中有形形色色的人，每个人都是独一无二的，都有自己独特的地方。你是通过哪些事情发现某人独特的地方的？拿起笔来分享你的发现吧，记得写清楚他的特点。

九

阅读中抒情感

17 《爱如茉莉》

关注场景细节，体会文中感情

╱ 背景介绍 ╱

《爱如茉莉》这篇文章讲述了妈妈生病住院，爸爸去医院照顾她的小事，赞美了父母之间如茉莉一般平淡却纯洁的爱。文章语言真挚朴实，情节生动感人。作者借助茉莉，表现爸爸妈妈之间那种相濡以沫、温暖美好的爱。

阅读方法: 边读边想象画面，关注文中描述的场景、细节，体会其中蕴含的感情。

爱如茉莉

映子

那是一个飘浮着橘黄色光影的美丽黄昏，我忽然对在一旁修剪茉莉花枝的母亲问道："妈妈，你爱爸爸吗？"

妈妈先是一愣，继而微红了脸，嗔怪道："死丫头，问些什么莫名其妙的问题呀！"

我见从妈妈口中掏不出什么秘密，便改变了问话的方式："妈，那你说真爱像什么？"

妈妈寻思了一会儿，随手指着那株平淡无奇的茉莉花，说："就像茉莉吧。"

我差点笑出声来，但一看到妈妈一本正经的样子，赶忙把"这也叫爱"这句话咽了回去。

此后不久，在爸爸出差归来的前一个晚上，妈妈得急病住进了医院。第二天早晨，妈妈用虚弱的声音对我说：

　　"映儿，本来我答应今天包饺子给你爸爸吃，现在看来不行了。你待会儿就买点现成的饺子煮给你爸吃。记住，要等他吃完了再告诉他我进了医院，不然他会吃不下去的。"

　　然而，爸爸没有吃我买的饺子，也没听我花尽心思编的谎话，便直奔医院。此后，他每天都去医院。

　　一天清晨，我按照爸爸的叮嘱，剪了一大把茉莉花带到医院去。当我推开病房的门，不禁怔住了：妈妈睡在病床上，嘴角挂着恬静的微笑；爸爸坐在床前的椅子上，一只手紧握着妈妈的手，头伏在床沿边睡着了。初升的阳光从窗外悄悄地探了进来，轻轻柔柔地笼罩着他们。一切都是那么静谧美好，一切都浸润在生命的芬芳与光泽里。

　　似乎是我惊醒了爸爸。他睡眼蒙眬地抬起头，轻轻放下妈妈的手，然后蹑手蹑脚地走到门边，把我拉了出去。

　　望着爸爸布满血丝的眼睛，我心疼地说："爸，你怎么不在陪床上睡？"

　　爸爸边打哈欠边说："我夜里睡得沉，你妈妈有事又不肯叫醒我。这样睡，她一动我就惊醒了。"

透过"直奔"一词，我们读出的是爸爸的心急如焚，读出的是爸爸不顾刚出差回家的疲惫，一心牵挂妈妈的真情。

爸爸"紧握"妈妈的手，缘于担心自己睡得沉而影响夜间对妈妈的照顾。这一场景传递了爱是无须用语言来表达的主题。

从"轻轻""蹑手蹑脚"等词中，可以看出爸爸对妈妈是多么体贴，生怕惊醒了妈妈，影响妈妈休息。

爸爸去洗漱，我悄悄溜进病房，把一大束茉莉花插进瓶里，一股清香顿时弥漫开来。我开心地想：妈妈在这花香中欣欣然睁开双眼，该多有诗意呀！我笑着回头，却触到妈妈一双清醒含笑的眸子。

"映儿，来帮我揉揉胳膊和腿。"

"妈，你怎么啦？"我好生奇怪。

"你爸爸伏在床边睡着了。我怕惊动他不敢动。不知不觉，手脚都麻木了。"

病房里，那簇茉莉显得更加洁白纯净。它送来的缕缕幽香，袅袅地钻到我们的心中。

哦，爱如茉莉，爱如茉莉。

"清醒含笑的眸子"这一细节描写特别传神。这笑，分明是幸福的笑，是体贴的笑，是来自心灵深处的情不自禁的笑。

＼　写 作 亮 点　＼

亮点一：描写的场景中蕴含感情。

本文通过还原场景来表达深层次的感情。常人睡觉的"常规状态"，当然是躺着且身心放松的，而文中的爸爸坐着、伏着睡，最有意蕴的是还"紧握"着妈妈的手睡，其情深意切可见一斑。

亮点二：描写的细节中蕴含感情。

关注文中的细节，走进人物的内心，体会蕴含的感情。比如文中人物的一个动作、一句话，甚至一个眼神，都可以流露出茉莉般淡淡的真情，淡淡的爱。阅读时，我们可以通过一个字、一个词、一个句子去感受茉莉般的温情与爱。

总评

文章对场景、人物言行举止的细节都有具体的描述，我们通过品读印象深刻的场景、细节，可以更深入地把握内容，更细致地体会蕴含在其中的人物情感。

任务一

那株茉莉花如此"平淡无奇",妈妈却说真爱就像茉莉。你从文中的哪些细节中可以感受到"爱如茉莉"?请你找出几处并试着进行概括。

_____

_____

任务二

说说下面这处场景描写在文中的表达效果。

初升的阳光从窗外悄悄地探了进来,轻轻柔柔地笼罩着他们。

_____

_____

任务三

妈妈说"真爱"就像平淡无奇的茉莉,其实"真爱"更是相互的。请你从文中找出一组能体现爸爸妈妈之间的"真爱"的句子,品一品,然后抄写在下面的横线上。

_____

_____

_____

_____

搜索记忆中令你印象深刻的事，关注当时的场景，捕捉最能打动人的地方，把难忘的事情写清楚、写具体，表达自己真挚的情感。

18 《秋天的怀念》

抓住关键语句，体会思想感情

/ **背 景 介 绍** /

　　《秋天的怀念》是一篇怀念母亲的文章。作者史铁生通过回忆的方式，把生活中的小事串联起来，写出了自己瘫痪时，怀着博大无私之爱的母亲是怎样细心、耐心、小心地照顾自己的。越是细细品味，越能深切地感受到作者对自己忽视母亲病痛的追悔，以及对母亲深深的怀念。

　　阅读方法： 抓住关键语句，初步体会文章表达的思想感情。

秋天的怀念

史铁生

　　双腿瘫痪后，我的脾气变得暴怒无常。望着望着天上北归的雁阵，我会突然把面前的玻璃砸碎；听着听着收音机里甜美的歌声，我会猛地把手边的东西摔向四周的墙壁。这时，母亲就悄悄地躲出去，在我看不见的地方偷偷地注意着我的动静。当一切恢复沉寂，她又悄悄地进来，眼圈红红地看着我。"听说北海的花儿都开了，我推着你去走走。"她总是这么说。母亲喜欢花，可自从我的腿瘫痪后，她侍弄的那些花都死了。"不，我不去！"我狠命地捶打这两条可恨的腿，喊着："我活着有什么劲！"母亲扑过来抓住我的手，忍住哭声说："咱娘儿俩在一块儿，好好儿活，好好儿活……"

　　我却一直都不知道，她的病已经到了那步田地。后来妹妹告诉我，母亲的肝常常疼得她整宿整宿翻来覆去地睡不了觉。

从母亲的动作"扑""抓""忍"中，可以体会到母亲对作者的照顾无微不至，而且联系前文，母亲喜爱的花都死了，可以看出母亲为了照顾作者已经舍弃了自己的爱好，再也无暇侍弄那些花。显示出母亲对作者爱得深切。

那天我又独自坐在屋里，看着窗外的树叶"刷刷拉拉"地飘落。母亲进来了，挡在窗前："北海的菊花开了，我推着你去看看吧。"她憔悴的脸现出央求般的神色。"什么时候？""你要是愿意，就明天？""好吧，就明天。"我说。我的回答让她喜出望外。她高兴得一会儿坐下，一会儿站起："那就赶紧准备准备。""唉呀，烦不烦？几步路，有什么好准备的！"她也笑了，坐在我身边，絮絮叨叨地说着："看完菊花，咱们就去'仿膳'，你小时候最爱吃那儿的豌豆黄儿。还记得那回我带你去北海吗？你偏说那杨树花是毛毛虫，跑着，一脚踩扁一个……"她忽然不说了。对于"跑"和"踩"一类的字眼儿，她比我还敏感。她又悄悄地出去了。

她出去了，就再也没回来。

邻居们把她抬上车时，她还在大口大口地吐着鲜血。我没想到她已经病成这样。看着三轮车远去，也绝没有想到那竟是诀别。

邻居的小伙子背着我去看她的时候，她正艰难地呼吸着。别人告诉我，她昏迷前的最后一句话是："我那个有病的儿子，还有那个还未成年的女儿……"

又是秋天，妹妹推着我去北海看了菊花。黄色的花淡雅，白色的花高洁，紫红色的花热烈而深沉，

一个"挡"字，写出了母亲怕儿子见落叶伤心的细腻心思。"央求"一般用于下级对上级、晚辈对长辈，这里却是母亲对儿子，足见母亲对儿子的诚恳与深爱，以及母亲的仁慈与伟大。

通过母亲前后表现的对比，可以看出母亲的小心翼翼及对作者的精心呵护。母亲总是轻声慢语，生怕再惹作者心烦，对他的情绪产生影响。可以感受到母爱是理解、宽容与呵护。

泼泼洒洒，秋风中正开得烂漫。我懂得母亲没有说完的话，妹妹也懂。我俩在一块儿，要好好儿活……

此处之所以浓墨重彩地写这些菊花，是想表达作者对母亲的怀念。菊花中有母亲的音容笑貌，菊花中有母亲的殷切嘱托："好好儿活……"

╲ 写 作 亮 点 ╱

亮点一：文章的思想感情通过关键句来体现。

　　文中母亲的话一语双关。"咱娘儿俩在一块儿，好好儿活"，表面上写的是母亲劝慰"我"，不让"我"失去生活的勇气。但实际上母亲说的是"俩"，母亲已经知道了自己的病，但为了让儿子好好活着，自己也要好好活着。母爱的伟大，在母亲的话语里得到充分体现。

亮点二：通过描写景物的抒情化的语言来表达思想感情。

　　阅读文章时要关注描写景物的抒情化的语言，因为作者往往借助对景物的描写来抒发情感。比如在文章结尾处，作者写菊花的淡雅、高洁、热烈而深沉，实际上是在写母亲对子女那种纯洁、高尚、无私、感人至深的爱。

总评

　　都说"言为心声"，我们在阅读一篇文章时，不仅要关注文章的内容，还要体会作者所要表达的情感。文中母亲想带儿子去看花，是希望儿子能走出封闭的内心世界，重新建立生活的信心，顽强地活下去。母亲在生命垂危之际仍然心系病儿的伟大形象跃然纸上。

任务一

文章中有两处景物描写，请圈画出来，说一说作者这样写的目的。

_____

_____

_____

任务二

第 3 自然段划线部分，除了饱含母亲对儿子的疼爱之外，还有什么含义？
联系上下文，细细品味，说说你的理解。

_____

_____

_____

任务三

文中多次提到了母亲说的话——"我俩在一块儿，要好好儿活……"，
联系上下文，说说你对这句话的理解。

_____

_____

_____

　　母爱是餐桌上为你精心准备的可口饭菜；母爱是你生病时浓浓的筒骨汤；母爱是你写作业时，默默递给你的那杯热牛奶……母爱从不缺席，关键是你是否体会到了那份细致入微的爱。请你也来分享母爱的故事。

十

阅读中辨详略

19 《一诺千金》

依据文章中心，安排文章详略

/ **背景介绍** /

　　《一诺千金》是一篇哲理散文，通过生活中的两件小事来表达深刻的哲理：一诺千金的人让作者心灵受到震撼，感受到一种灵魂的升华，敬重与赞美油然而生；言而无信的人让作者失望至极，不愿意浪费自己的时间来回味，产生的是失望与不满。让我们一起走进这个故事吧。

　　阅读方法： 文章记叙的事情如果不止一件，就可能有主次之分，我们阅读时要辨别详略，弄明白作者这样安排的原因。

一诺千金

秦文君

我做女孩儿时曾遇上一个男生问我借钱，而且开口就是两元——在当时，这相当于我两个月的零花钱。我有些犹豫，因为人人都知道他家很穷。

我为难的样子使他难堪。他低下头，说急用钱，又说保证五天内归还。我不知道怎么来拒绝，只得把钱借给他。

时间一天一天过去，到了第五天，他竟没来上学。我整天都在心里责怪他，骂他不守信用，恍恍惚惚地总想哭上一通。

夜里快要睡觉时，忽然听到窗外有人叫我。打开窗，只见他站在窗外，脸上淌着汗，拳头紧紧攥着，哑着喉咙说："看我变戏法！"他把拳头搁在窗台上，然后突然松开，手心里像开花似的展开了两元钱的纸币。

开篇交代了两元钱是个大数目，男孩家境贫穷，作者担心他能否如期归还。这样的交代，为下文埋下了伏笔。

作者当时非常后悔，后悔当初轻信了男孩的诺言，后悔当时心软借钱给他；也非常气愤，气男孩的不守信用，气自己轻信别人。

我惊喜地叫起来，他也快活地笑了。仿佛我们共同办成了一件事，让一块悬着的石头落了地。

后来，我从他的作文中知道，他当时借钱是急着给患低血糖的母亲买葡萄糖。为了如期还钱，他天天夜里到北站附近的旱桥下帮菜贩推车。到了第五天清晨，他终于攒足了两元钱，他乏极了，就倒在桥洞中睡觉，没想到一觉睡到天黑。醒来后他就开始狂奔，路人都猜不透这个少年为何十万火急地在夜色中穿行。

那是我和他唯一的一次交往，给我留下了深刻的印象。以后再看到"优秀""守信用"这类字眼，总会想到他，因为他身上有一种感人的一诺千金的精神。

据说他后来成就了一番事业。也许他早已忘记了那件事，可我总觉得那是他走向成功的源头。

一诺千金看来只是一种作风，实在、牢靠，可它更是一种郑重地对待世界的精神。诚挚、严谨的人为人处世自然磊落，一言既出，驷马难追。这已经超出了准则的含义，而带着人类理想、精神和正气的光彩。

然而大千世界里，太多人随意许诺，却从不兑现。他们似乎活得轻松。可惜，这种情景不会长久，

男孩信守诺言的优秀品质，最能表现文章的中心思想，所以详写。作者除了对男孩还钱时的语言、动作等进行详细描写外，还介绍了事后了解到的情况，用"天天夜里""乏极了""狂奔""十万火急"等词句，把人物形象刻画得淋漓尽致。

131

一个人失信多了，他的诺言也就被当成戏言，大打折扣。且不说别人会怎样看轻他，就是他自己，那种无聊、倦怠也会渐渐袭上心头。

去年秋天的一个傍晚，天降大雨，我打着伞去车站接一个朋友。我们曾约定：风雨无阻。我在车站等了好久，没见朋友露面，倒是看到一个少年，没带伞，抱着肩瑟瑟地站在站牌边守候。我把伞伸过去，他感激地说声谢谢。他告诉我，他也是在等一个朋友。

车一辆一辆开过，雨在伞边形成一道雨帘，天地间茫茫一片，怎么也不见我们盼望的人。我对身边的少年说，他们也许不会来了。可他固执地摇摇头。又来了一辆车，突然，车上跳下一个少年，无比欢欣地叫了一声。伞下的少年一下蹿了出去，两个人热烈地击掌问候，那份快乐是如此纯净、充实，相互的欣赏流淌在那一击中。

我最终未能等到我的那份欣喜，当我失望而归，在家接到朋友的电话，她说雨实在太大，所以……我想说些什么。但是，我什么也没说出口，只是轻轻地挂断了电话。

前后两件事情，一详一略，形成鲜明的对比，作者赞美什么、鄙夷什么，一清二楚。

亮点一：根据文章的中心思想来安排详略。

在一篇文章中，哪些地方应浓墨重彩细加叙述和描写，哪些地方只用一笔带过，要根据表达中心思想的需要来安排。最能表现文章中心思想的材料，要详写。

亮点二：记叙类文章要"事"详"理"略。

记叙文大多借助一件事或几件事来突显一个中心思想，讲清一个道理。除了事件中有主次、详略的安排外，还要注意事件要详写，说明的道理要简单写。例如，本文第一个事例详写，后面对自己观点的阐述则比较简略。

总评

本文在详略及主次的处理上比较成功。两个故事想要告诉我们"一诺千金"是一种可贵的品质，是做人之本，表达的是对守信用、重诚信之人的敬佩和赞美，对失信之人的鄙夷。文中第一个故事描写详细，让读者看到了人性最纯真的一面。作者对事件的叙述做到了紧扣主题，详略得当。

任务一

文章重点写了作者经历的两件事，一是 _____，
二是 _____（用简明的语言概括）。这两件事一详一略，
形成了鲜明的 _____，揭示了做人要守信用的道理。

从男孩提出借钱到还钱，"我"有怎样的心理变化？（　　　）

A. 无奈—犹豫—责怪—惊喜—委屈

B. 犹豫—无奈—责怪—委屈—惊喜

C. 犹豫—责怪—无奈—委屈—惊喜

D. 无奈—犹豫—委屈—惊喜—责怪

任务二

读下列句子，联系上下文回答问题。

我惊喜地叫起来，他也快活地笑了。仿佛我们共同办成了一件事，让一
块悬着的石头落了地。

"悬着的石头"各指什么，当时的"我们"会想些什么？

_____

_____

_____

任务三

文中"我"对朋友失约持什么态度？你对此有什么看法？说说你的理由。

_____

_____

_____

　　热闹的运动会、欢乐的"六一"国际儿童节……学校的生活丰富多彩，活动众多，从中选取一次令你难忘的活动并试着写一写。写时要注意处理好详略问题。详写对表现中心思想起重要作用的典型材料，略写对表现中心思想起辅助作用的一般材料，这样可以使文章的中心思想更加突出。

20 《游天然动物园》

依据文章重点，安排文章详略

/ 背 景 介 绍 /

　　《游天然动物园》是一篇游记。文章按照时间顺序记叙了游览的过程，重点写了作者在米库米天然动物园的见闻，略写了从出发到米库米动物园的过程以及返回时的有关情况。文章详略得当，重点突出。

　　阅读方法：游记虽然是对游览过程的记录，却不是面面俱到的记录。阅读文章时要思考哪部分是文章的重点，作者选取了哪些材料，分析作者是如何有详有略地记叙的。

游天然动物园

晨光熹微，我们乘车从坦桑尼亚首都达累斯萨拉姆出发，约四个小时就到达了米库米天然动物园。一到米库米天然动物园，导游阿里就迎上来，笑着对我们说："愿你们交好运！"他是在祝愿我们此行能看到更多的动物哩。大家随即登上游览车，沿着游览路线开始参观。

汽车缓缓前进，眼前出现了二三十只长颈鹿。它们高仰着细长的脖子，在树荫下亭亭玉立，一动也不动，远远望去，仿佛一幅巨大而迷人的风景画。更有趣的是，成群的非洲基马猴正在这些长颈鹿中间蹦来蹦去。一只猴子从树上跳到一只长颈鹿的背上，一边啃着野果，一边朝我们挤眉弄眼，似乎在挑逗我们哩。当我们从它们中间穿过时，顽皮的基马猴竟围着车子奔前跑后，周旋了好一阵子。

在长满水草的池塘边，我们看到几只刚从水里

开门见山，简单交代我们来到米库米天然动物园，开始参观。

作者详细描写了长颈鹿和基马猴。写基马猴时，先写对猴群的总体印象——蹦来蹦去，然后抓住一只猴子进行特写，写它一系列的动作，生动而鲜活，使读者印象深刻。

钻出来的河马。我们来到离它们不到 50 米的地方，它们竟没有察觉。等到发现我们了，便发出一阵可怕的吼声。这些庞然大物，身长丈余，最大的足有三吨重。这大概就是它们有恃无恐的原因吧！

中午，我们在一块坡地上用午餐。用过午餐后，车子通过一片小树林。前方，一大群大象正横过道路。阿里急忙让停车。他说，大象发起脾气来是很可怕的，就在前不久，一辆汽车来到一只大象跟前，被大象用鼻子掀翻了。我们只好等着，让象群先过去。只见它们慢腾腾地踱步，一面扇动着那葵扇般的大耳朵，一面用鼻子把一棵棵小树齐根打断。

我们的运气越来越好，不久，又看到了犀牛、鬣狗和数不清的黄牛。下午两点多钟，远处一辆游览车朝我们挥动一块红布（因为天然动物园里是禁止按喇叭的），原来是几位热心的荷兰游客在那里发现了狮群，邀我们共享好运。一棵大树下聚集着十几只狮子，一只母狮在打哈欠伸懒腰，它满不在乎地瞥了我们几眼，便合上眼皮躺下了。在一只鬃毛长得最漂亮的雄狮旁，好几只幼狮兴高采烈地打滚、玩闹。一下子看到这么多狮子，机会是很难得的。在返回的路上，导游阿里异常兴奋，他滔滔不绝地给我们讲起天然动物园的趣闻来：狮子敢向凶猛的犀牛发起攻击，但有时却被两只野狗赶得走投无路；而大象过河时，兴许会被河马咬掉尾巴……

作者选取狮群进行详细介绍。母狮：打哈欠伸懒腰。雄狮：鬃毛漂亮。幼狮：兴高采烈，打滚玩闹。读着这样的文字，仿佛亲眼看到了和谐温馨的画面。

略写导游阿里介绍关于动物的趣闻。

"哈哈哈！"我们在欢笑声中结束了这次愉快的野游。米库米天然动物园之行的乐趣是无穷的，难怪每年从世界各地前去游览的人络绎不绝。

＼ 写 作 亮 点 ＼

亮点一：依据文章的重点来安排详略。

在实际写作中，最能直接地、具体生动地体现文章意图的内容要详写。通常情况下，详写内容，应从细节上下功夫，比如作者详写了自己在米库米天然动物园里见到长颈鹿、狮子等的场景。

亮点二：详写要"细"，略写要"巧"。

详写就是把重点内容细致地描写出来，最好在"细"字上多琢磨、多下功夫。详写是为了更好地表达中心思想，更好地反映主要内容。次要的、略写的内容要开动脑筋玩出一个"巧"字，如文中导游阿里介绍的关于动物的趣闻虽然一笔带过，但也引发了读者的联想。

总评

古人对详略得当有两个生动、形象的比喻："用墨如泼"和"惜墨如金"。作者写在米库米天然动物园的见闻，详写了长颈鹿、基马猴、河马、大象、狮子这些野生动物，而对犀牛、鬣狗、黄牛及导游阿里介绍的动物趣闻只是一笔带过。这一写法有详有略，重点突出，让读者产生了深刻的印象。文章在布局谋篇上，只有详略得当，才能突出重点，增强表达效果。

| 阅 读 理 解 |

任务一

《游天然动物园》一文，重点描写了＿＿＿＿＿＿＿＿＿，略写了出发及

＿＿＿＿＿的有关情况，详略得当，重点突出。

文章记叙清楚，按照＿＿＿＿＿＿＿顺序来写，在文中圈出表现顺序的

词。作者在记叙游览见闻时，抓住了米库米天然动物园的动物进行刻画，

其中＿＿＿＿＿＿＿＿＿＿＿＿＿＿＿等动物描写得较详

细，而＿＿＿＿＿＿＿＿＿＿＿＿等动物描写得较简略。

任务二

读文中画横线的语句，"亭亭玉立"本来的意思是＿＿＿＿＿＿＿＿，

在这里是指＿＿＿＿＿＿＿＿，从中能感受到＿＿＿＿＿＿＿＿。文中

还有不少这样描写生动的语句，找出来读一读，和同学交流自己的感受。

任务三

读读第5自然段，说说哪些内容写得详细，哪些内容写得简略，想想这

样写的好处。

＿＿＿＿＿＿＿＿＿＿＿＿＿＿＿＿＿＿＿＿＿＿＿＿＿＿＿＿＿＿＿

＿＿＿＿＿＿＿＿＿＿＿＿＿＿＿＿＿＿＿＿＿＿＿＿＿＿＿＿＿＿＿

＿＿＿＿＿＿＿＿＿＿＿＿＿＿＿＿＿＿＿＿＿＿＿＿＿＿＿＿＿＿＿

你一定去过很多地方游玩过吧，你想为大家推荐哪处景点呢？学习作者这种安排详略的方法，介绍你认为值得一去的景点。下笔前先构思一下，哪些景观你要重点介绍，哪些景观你打算简单概括。

参考答案

1 《鸟雀》
多种感官观察，表达准确生动

任务一

思路点拨　本题为开放题，主要考查学生对第 3 自然段的理解和表述。

参考答案　作者细致描写了 3 种鸟雀。憨态可掬，"像毛茸茸的小圆球"的煤山雀；颜色鲜亮"红如火焰"的交喙鸟；"通体洁白"瞪着一双玻璃球般的小黑豆眼睛"的阿波罗山雀。通过外形和动作描写，将鸟雀的可爱展现出来。

任务二

思路点拨　本题为开放题，作答时，一是结合文章内容概括出相关观点，二是结合文本内容展开阐述。

参考答案　不认同。文章第④段开头写道："鸟雀的狡猾惹得我发笑。"这说明作者在观察中发现了这些鸟雀不一样的表现，感到好笑。交喙鸟让人觉得好笑的地方是，不知道捕鸟器的危险，还大摇大摆地走近，派头十足，文字中流露出作者的喜爱，而不是讨厌。

任务三

思路点拨　本题为开放题，在说明理由的时候，一定要有依据，结合文章用词准确作答，更容易得高分。

参考答案　（答案不唯一）

逗乐。作者被这些鸟雀的表现给逗乐了。鸟雀不知道捕鸟器的危险，被套在网中，还惊讶地鼓着两只眼睛，想要啄人的手指。从"惊讶""想要啄人"这些词语中，我们可以感受到在作者笔下，这些鸟雀被赋予了人的思想，作者观察它们，乐在其中。

2 《神奇的丝瓜》
连续细致观察，心情起伏变化

任务一

思路点拨　本题考查学生对文章内容的理解能力。

参考答案　①我真是替它担心，生怕它经不住这一份重量，会从楼上坠下来，落到地上。

②这两个瓜加起来恐怕有五六斤重，那一根细秧怎么能承受得住呢？我又担心起来。

③我又犯了担心病：这个瓜上面够不到窗台，下面也是空空的；总有一天，它越长越大，会把上面的两个大瓜也坠了下来，一起坠到地上。

作者的担心与丝瓜悠然的表现形成了对比，更加突出了丝瓜的神奇。

任务二

思路点拨　（圈画词句略）本题考查学生对文章写法的把握能力。

参考答案　（不需要写得非常全面，有自己的思考即可）

①认真观察，抓住丝瓜的特点来写。

②运用拟人的手法，把丝瓜努力生长的样子写得生动形象。

③把自己看到的与联想、感受结合起来写。

任务三

思路点拨　本题为开放题，答题时结合自己的理解感悟来写，更容易得高分。

参考答案　（答案不唯一）

①坚持观察能让我们成为生活的有心人，发现美好、新鲜的事物，使身心得到放松。

②认真观察能激发我们的好奇心，对很多事物不再视而不见，而是想一探究竟，从而增长更多见识。

③长期观察能为写作积累很多素材，更容易写出细腻、生动、真实、感人的作品。

3 《海滨仲夏夜》
调动五感描写，景物精妙传神

任务一

思路点拨　本题考查学生对文章写作顺序的掌握情况，帮助学生通过找出表示顺序的词语，了解为什么采用这样的写作顺序。

参考答案　时间顺序。表示时间顺序的词语有：夕阳落山不久、天空的霞光渐渐地淡下去了、夜色加浓、月亮上来了。

任务二

思路点拨　静态的景物在作者笔下化静为动，表现出了动态美，本题意在引导学生关注这一写法。

参考答案　颜色变化：深红、绯红、浅红。表现霞光动态的语句如下。

因为它是活动的，每当一排排波浪涌起的时候，那映照在浪峰上的霞光又红又亮，就像一片片霍霍燃烧的火焰，闪烁着，消失了。而后面的一排，又闪烁着，滚动着，涌了过来。

任务三

思路点拨　本题引导学生关注从不同角度，调动多种感官描写景物的特点。

参考答案　①（B）　②（D）　③（A）　④（C）

4 《镜泊湖奇观》
动静结合描写，景物活灵活现

任务一

思路点拨　本题引导学生学习文章富有特色的开头写法。

参考答案　文章以传说开头，给镜泊湖蒙上一层神秘的色彩，引起读者的阅读兴趣。

任务二

思路点拨　本题考查学生对文章写法的掌握。

参考答案　静态描写的句子：

然而它并不单调：四周峰峦叠起，湖心石岛耸峙，湖中倒影奇幻，真是美不胜收。

这句话用几个词语——"峰峦叠起""耸峙""奇幻"，传神地写出了镜泊湖周围的山峰、湖心的石岛、湖中的倒影安然平静的样子，画面感十足，引人遐想。

动态描写的句子：

本来清澈的湖水静静地淌着，一到陡崖，突然下跌，顿时抛撒万斛珍珠，溅起千朵银花，水雾弥漫，势如千军万马，声闻数里，同幽静的镜泊湖形成鲜明的对照。

这句话用精准的动词、精练的短语，富有节奏地写出了吊水楼瀑布的动态美，动静对比，让描写的对象更动人。

任务三

思路点拨　本题考查学生梳理、概括文章内容的能力，让学生了解作者是怎样具体写出地下森林景观"奇"的特点的。

参考答案　地下森林实际上是长在火山口里的森林。这里壁陡底平，景色壮丽，里面长起了郁郁葱葱的森林，还有许多名贵的药材，野生动物也常到火山口活动。林木不在乎这谷底的阴暗潮湿，它们欣欣向荣，充满了活力。

5　《黄山松》
抓住关键词句，明了段落大意

任务一

思路点拨　本题考查学生对文章内容的概括能力。

参考答案　具有顽强的生命力

不肯面壁、一心向阳（或黄山松的枝条大都向左右平伸，或向下倒生）

具有异常强大的团结力

任务二

思路点拨 本题考查学生对文章内容的理解能力。

参考答案 黄山松长在石上，长得那么苍翠，那么窈窕，那么坚劲

文殊院窗前有一株松树，由于石头崩裂，松根一大半长在空中，像须蔓一般摇曳着。而这株松树照样长得郁郁苍苍，娉娉婷婷

任务三

思路点拨 本题为开放题，在说明理由的时候，一定要有理有据，结合文章中的关键语句来作答，更容易得高分。

参考答案 （答案不唯一）

喜欢。因为黄山松顽强的生命力令人钦佩，即使生存环境恶劣，它依然长得挺拔、坚劲。

6 《林中乐队》
围绕一个主题，写出一个片段

任务一

思路点拨 本题考查学生对语言的敏感度，让学生体会文章准确生动的表达。

参考答案 动作 腾身 冲入 张开 直冲 兜着 发出

任务二

思路点拨 本题让学生体会标点符号的作用。

参考答案 本文中多次出现冒号，有两类不同的作用。

一类是用在需要解释的词语后边，表示引出解释或说明。如"孩子们都觉得奇怪："'蚱蜢用小爪子抓翅膀："'沙雏更是异想天开，它竟用尾巴唱起歌来了："。

一类是用在总结性话语的后边，表示引起下文的分说。如"森林里所有的动物都在唱歌奏乐："'它们都会按照自己的爱好来选择乐器："。

任务三

思路点拨 本题考查学生的语言概括能力，可选择文中的关键句进行提炼和概括。

参考答案 （答案不唯一）

森林里所有的动物都在唱歌奏乐：有好嗓子的动物，各唱各的曲子，各有各的唱法；没好嗓子的动物，各用各的乐器，各有各的奏法。大家一起组成了林中乐队。

7 《倔强的小红军》
关注人物事件，串联主要内容

任务一

思路点拨　本题考查学生对生难词的理解能力。

参考答案　无可奈何　满不在乎　荒无人烟

任务二

思路点拨　本题考查学生对人物细节描写的感受能力。

参考答案　这样描写让人误以为此时的小红军精神好、体力强、有干粮，突出了他的倔强，表现了他在困难面前勇敢坚强，宁愿牺牲自己也决不拖累别人的精神。

任务三

思路点拨　本题为开放题，考查学生的语言概括能力及对人物形象的理解。

参考答案　（答案不唯一）

本文主要讲的是在二万五千里长征途中过草地时，一位小红军忍受饥饿和疲惫，却倔强地不肯接受陈赓帮助而牺牲的事。赞扬了小红军一心为别人着想，把困难和危险留给自己的高尚品质。表达了作者对小红军的敬佩之情。

8 《兔子和狼》
起因经过结果，文章脉络清晰

任务一

思路点拨　本题考查学生对文章内容的了解程度。

参考答案　４２６１３８５７

任务二

思路点拨　本题考查学生对文中内容的理解，训练学生的语言概括能力。认真阅读，提炼关键语句即可得出答案。

参考答案　（答案不唯一）

兔子的行动力很强：在狼的威胁下，勤练功夫，最后越来越强大。

狼眼高手低，只想不做，逞嘴上威风，能力越来越弱，最后只有死路一条。

任务三

思路点拨　本题为开放题，展开丰富的想象，写得生动形象更容易得高分。

参考答案　（答案不唯一）

北山的狼死后，南山的兔子终于过上了安定的生活。但他没有懈怠，仍然坚持进行体能训练。兔子常常想：我要把自己变成超级强悍的兔子，以后再遇到恶狼就不用这么提心吊胆了。

9　《蚂蚁世界永不堵车》
语言简明生动，科普故事讲清

任务一

思路点拨　本题考查学生对信息的检索能力及内容概括能力。首先从文中检索信息，抓住关键句进行概括，进而通过比较，找出共同点。

参考答案　研究人员在蚁巢和糖果之间建立了一宽一窄两条通道

研究人员在蚁巢和食物之间建立了多条纵横交错的通道

蚂蚁使用这种看起来似乎并不复杂的小伎俩以后，使整个群体运行得相当有秩序

任务二

思路点拨　本题考查学生对说明性文章说明方法的掌握情况。作答时一是要关注说明性文章常见的说明方法，二是要结合文本内容阐述使用此说明方

法的好处。

参考答案　举例子。这样写的好处是直观而具体地揭示了人们从蚂蚁世界"不堵车"的现象中得到的启示。

任务三

思路点拨　本题为开放题，在说明理由的时候，一定要有理有据，结合文章语句准确作答，更容易得高分。

参考答案　（答案不唯一）

"当一只蚂蚁从拥挤的窄路上往蚁巢返回时，途中遇到了另一只正打算赶往糖果处的蚂蚁，前者会尽力将后者'顶'向另一条宽敞的通道"。这句话中，"前者""后者""顶"等词语的运用使语言简明而生动。

10　《卫星比武》
抓住鲜明特点，清楚介绍事物

任务一

思路点拨　本题考查学生对信息的检索能力及对内容的把握。学生作答时可抓住关键句来填写。

参考答案　侦察卫星　气象卫星　导航卫星　通信卫星　资源卫星

思路点拨　本题考查学生对重点段写法的掌握。作答时，可抓住重点段落对比发现其共同点。

参考答案　外形　功能　让它自述本领

任务二

思路点拨　本题考查学生对句子的鉴赏能力。作答时一是要品味赏析例句的精妙传神，二是要结合文本内容摘抄类似的语句，进一步感受其语言的趣味性。

参考答案　（答案不唯一）

刹那间，地球上空云层起伏，气象卫星扇动着双翼，慢悠悠地飞来。

它取出红外照相机，给地球拍了一张又一张云图，并将云图编成电码，迅速地发给地球。

任务三

思路点拨 本题为开放题，学生可根据自己的喜好自主选择一种卫星进行介绍。在答题时，一定要关注题目要求，准确提取关键词，这样更容易得高分。

参考答案 （答案不唯一）

通信卫星。它身上贴满了太阳能电池，头上有一个喇叭形的天线装置。它敏捷地把地面上的电报、电话和电视发出来的大量信息，准确无误地转发出去。

11 《三峡之秋》
融入丰富想象，描绘身边景物

任务一

思路点拨 本题考查学生对文章内容的整体把握能力。

参考答案 （答案合理即可）明丽 热烈 平静 静谧

任务二

思路点拨 本题考查学生对文章句子的理解情况。

参考答案 拟人 比喻 拟人

任务三

思路点拨 本题为开放题，注意观察，展开丰富的想象，写得生动形象更容易得高分。

参考答案 （答案不唯一）

伴着电闪雷鸣，大颗大颗的雨滴从天而降。砸在玻璃上，发出噼噼啪啪的响声；砸在汽车上，雨滴跳起舞来；砸在地上，不一会儿就汇成了一条条小溪。城市开始拥堵起来，丝丝凉意冲散了多日来的炎热。空气中的土气也慢慢弥漫开来，仿佛得到了释放，肆无忌惮起来。这就是夏天的猛烈的雨！

12　《我的家在月亮上》
调动多种感官，丰富想象角度

任务一

思路点拨　本题考查学生对文章内容的理解，体会想象的奇特有趣。答案不唯一。

参考答案　爸爸妈妈在荒地里种的各种各样的东西最有趣，尤其是一年收获十二季的稻子。那会是什么味道呢？有了这样的稻子，再也不会有挨饿的人了吧。这让我联想到了一辈子致力于杂交水稻研究的袁隆平爷爷。

任务二

思路点拨　本题考查学生平时的积累及对本文相关内容的定位与梳理。

参考答案　文中涉及了神话故事中的吴刚和嫦娥。

在"吴刚伐桂"的故事中，吴刚受天帝惩罚到月宫砍伐桂树，但桂树随砍随合。玉帝把这种永无休止的劳动作为对吴刚的惩罚。本文中的吴刚不再砍桂树，而是送给"我"桂花树种，大概他受的惩罚已经结束了吧。

在"嫦娥奔月"的故事中，嫦娥被丈夫后羿的徒弟逢蒙所逼，无奈吃下了西王母赐给丈夫后羿的不死之药后，飞到了月宫，整日与玉兔为伴。本文中的嫦娥却把玉兔送给了"我"，大概她不再害怕寂寞了吧。

任务三

思路点拨　本题考查学生的想象力及文字表达能力。

参考答案　（答案不唯一）

我想种一棵回忆树，吃了这棵树上的果子，就会想起生活中的欢声笑语。这样，如果遇到了伤心难过的事，吃了一颗回忆果，想一想欢乐事，心情就会变好啦。

13 《我的信念》
运用具体事例，说明主要观点

任务一

思路点拨 本题考查学生对文章主旨的把握情况。

参考答案 我们必须有坚忍不拔的精神，最要紧的，还是我们自己要有信心。

思路点拨 本题考查学生对文章关键句的理解情况，第一问可以抓住"我"与蚕的相似点来回答，第二问要联系上下文，找出可以指代的内容，如对真理的探索。

参考答案 这些蚕固执地、勤奋地工作，作者感到自己和它们非常相似
（答案不唯一）对真理的探索

任务二

思路点拨 本题为探究题，主要探究作者的人格和心灵。

参考答案 （答案不唯一）
"梦想家"最基本的特征是全身心投入事业，事业就是一切，根本不考虑物质利益。从居里夫人放弃申请专利可以看出她就是这样的"梦想家"。我十分敬佩这种对科学事业纯粹追求的态度。

任务三

思路点拨 本题引导学生关注文章的写作方法，不仅需要知道文章写了什么，还要知道是怎么写出来的。

参考答案 答案不唯一，建议阅读批注部分，就可以找到答案。

14 《我很重要》
抓住关键词句，把握主要观点

任务一

思路点拨 本题考查学生对文章观点的把握情况，学生要了解作者是从哪几个方面来表达自己的观点的。

参考答案 我很重要 亲情 友情 工作和事业

任务二

思路点拨　本题考查学生对句子的赏析能力。恰当使用比喻等修辞手法可使文章的语言更具有表现力，值得品味。第①小题的题干提示了学生答题格式，第②小题是强化练习。

参考答案　①密友　古陶　稀少与珍贵　形象地阐述了友情是人生不可多得的一笔财富，友情破裂如珍品破碎，难以弥合

②（答案不唯一）

比喻句：我的别出心裁的创意，像鸽群一般在天空翱翔，只有我才捉得住它们的羽毛。

体会：这句话中，在天空翱翔的鸽群生动形象地写出了创意的别出心裁与自由自在，更加充分地表达了自己才是自己创意的主宰这一主要观点。

任务三

思路点拨　本题考查学生能否通过关键句理解文章内涵。可以结合学习、生活、家庭等身边的小事来表明自己的观点。

参考答案　我认为这句话是全文的关键句。生活中并没有那么多伟大的事，我们也并不是多么伟大的人，但这并不影响我们自己是重要的。我在妈妈心中很重要，她认真对待我的心愿，为我准备了盛大的生日聚会；我在爸爸心中很重要，他抽出时间陪我一起踢球，锻炼身体；我在我心中也很重要，我努力学习，不断进步，不断成为更好的自己。

15　《船长》
借助语言动作，体会人物品质

任务一

思路点拨　本题考查学生对文章内容的概括能力。

参考答案　在"诺曼底"号轮船遭到"玛丽"号巨轮的猛烈撞击即将沉没的时候，哈尔威船长镇定自若、果断冷静，指挥乘客和船员有序逃生，而自己却牺牲了的故事

思路点拨　本题考查学生对文章的理解能力，学生可以通过文中对人物的描写来思考。

参考答案　语言、动作　坚决果断　沉着镇定　忠于职守（合理即可）

任务二

思路点拨　本题考查学生对句子的赏析能力。句子中的提示语在后，主要突出说话内容，从中可以感受船长的英雄形象。

参考答案　我感受到了哈尔威船长威严、冷静、舍己救人，他非常伟大。

思路点拨　本题考查学生对环境描写的作用的理解。学生可以站在全文的角度来阐述。

参考答案　文中多次提到"雾"，既是对环境的描写，也是两船相撞的原因之一，同时也衬托了哈尔威船长的英雄形象，暗示了当时人们的心情。

任务三

思路点拨　本题是开放题，在描述时可以结合读后的感悟来写。

参考答案　（答案不唯一）

通过简练的对话，可以感受到哈尔威船长的品质。在危难来临、生死攸关的时刻，他沉着冷静地指挥乘客和船员逃生，而把自己的生死安危置之度外，他忠于职守、英勇无畏、不怕牺牲的精神深深地打动了读者。

16　《汪老师的健忘攻略》
关注人物描写，感受人物特点

任务一

思路点拨　本题考查学生对文中人物形象的概括能力。

参考答案　和蔼可亲

思路点拨　本题考查学生对文章深入理解的情况。

参考答案　汪老师并不是真的健忘。"屡屡出状况"是因为汪老师想以这种方式调动学生学习的积极性。省略号可能省略了"有时忘了重点字词怎么写，就让我们演示；有时忘了要求背诵的古诗怎么背，就让我们来背"。

任务二

思路点拨　本题考查学生对文章写法的了解情况。

| 参考答案 | 对学生的语言和动作的描写衬托出了汪老师的和蔼可亲、因材施教。 |

任务三

| 思路点拨 | 本题考查学生对人物特点的了解情况。学生可以结合文章阐述理由。 |

| 参考答案 | （答案不唯一） |
| | 我喜欢汪老师这样的老师，在课堂上他总是面带笑容，并且经常对学生进行鼓励夸奖。他用自己的"健忘"来调动学生学习的积极性，让我感觉老师有趣、学习有趣。 |

17　《爱如茉莉》
关注场景细节，体会文中感情

任务一

| 思路点拨 | 本题考查学生对细节描写的理解，以及从文章中提取信息和概括信息的能力。 |

| 参考答案 | ①妈妈隐瞒病情；②妈妈交代女儿为爸爸煮饺子；③爸爸直奔医院；④爸爸陪护妈妈；⑤爸爸让女儿带茉莉给妈妈；⑥妈妈怕惊醒爸爸。 |

任务二

| 思路点拨 | 本题考查学生对句子的赏析能力。首先判断赏析的句子是否使用了修辞手法，如果用了修辞手法，就从修辞的角度进行赏析。可用答题格式：本句运用……（修辞手法），生动形象地写出了……（特点），突出了……（表达效果）。 |

| 参考答案 | 这个句子运用拟人的修辞手法，生动形象地写出了阳光的轻柔，烘托了温馨的氛围，表现了爸爸妈妈之间的"真爱"。 |

任务三

| 思路点拨 | 本题考查学生对文章内容的理解和对信息的检索能力。 |

| 参考答案 | ①"本来我答应今天包饺子给你爸爸吃，现在看来不行了。你待会儿就买点现成的饺子煮给你爸吃。""爸爸没有吃我买的饺子，也没听我化尽心思编的谎话，便直奔医院。" |
| | ②"我夜里睡得沉，你妈妈有事又不肯叫醒我。这样睡，她一动我就 |

惊醒了。""你爸爸伏在床边睡着了。我怕惊动他不敢动。不知不觉,手脚都麻木了。"

18 《秋天的怀念》
抓住关键词句,体会思想感情

任务一

思路点拨　本题让学生体会景物描写的作用。

参考答案　两处景物描写分别是:

①那天我又独自坐在屋里,看着窗外的树叶"刷刷拉拉"地飘落。

②黄色的花淡雅,白色的花高洁,紫红色的花热烈而深沉,泼泼洒洒,秋风中正开得烂漫。

景物描写可以渲染特定的氛围,烘托人物的情趣、心境,表现人物的心理。第一处景物描写给人一种"无边落木萧萧下"的苍凉感,表现了作者双腿瘫痪后的无助心理。第二处景物描写用烂漫的菊花表现作者对母亲深切的怀念,菊花也象征了母亲的高洁和对孩子的无私奉献。

任务二

思路点拨　本题让学生通过人物的语言,体会人物的内心。答出自己的理解即可。

参考答案　(答案不唯一)

母亲得知自己病重,将不久于人世时,难免回想过去的美好时光,还想要和儿子一起赏花,留下更多美好的回忆。因为无时无刻不牵挂着生病的儿子,所以母亲对人世间有着深深的眷恋。

任务三

思路点拨　本题考查学生通过关键句体会文章思想感情的能力。

参考答案　(答案不唯一)

这句话既是对儿子的鼓励,要勇敢面对生活中的厄运,重燃信心;也是给自己打气,希望能更多一些时间陪伴孩子,照顾孩子的身体和情绪。体现了母亲对孩子无微不至的关爱,表现了母爱的真挚和伟大。

19 《一诺千金》
依据文章中心，安排文章详略

任务一

思路点拨 本题考查学生对文章内容的概括、写法的掌握情况。作答时从文章内容入手，用简洁的语言概括"我"的经历，然后将两件事放在一起比较，进而发现写法上的特色。

参考答案 家境贫寒的男生向"我"借两元钱如期归还

"我"按照约定去接朋友却失望而归

对比

思路点拨 本题考查学生对文章内容的理解情况。从文本中找出描写"我"心理变化的语句，从中提炼关键词语，梳理"我"的心理变化过程。

参考答案 B

任务二

思路点拨 本题考查学生对文章内容的理解能力。首先结合文章理解重点词语的内涵，进而发散思维，代入自我，揣摩心理活动。

参考答案 对于"我"来说，担心"他"还不上两元钱，现在终于还了，所以心中那块悬着的石头落了地；对于"他"而言，经过艰苦的努力，终于把钱还上了，心中那块悬着的石头也落了地。

"我"会想：钱终于还来了，我不用担心了。"他"会想：我终于把钱还上了，兑现了承诺。

任务三

思路点拨 在说明理由的时候，一定要有理有据，结合文章的内容来作答。

参考答案 不满。看法及理由：①认同作者的态度，人应该信守承诺，这是做人的基本准则；②否定作者的态度，应宽容地对待别人，不要过于苛责别人；③辩证地看待作者的态度。自己信守承诺，但不必对别人求全责备。（言之有理即可）

20 《游天然动物园》
依据文章重点，安排文章详略

任务一

思路点拨　本题考查学生对文章内容的整体把握情况。作答时先整体把握文章内容，进而梳理脉络，分清主次、详略。

参考答案　在米库米天然动物园的见闻　返回

思路点拨　本题考查学生对文章叙述顺序的掌握情况。作答时先关注文本的叙述顺序，进而聚焦表达这一顺序的词句并进行勾画。

参考答案　时间　晨光熹微　中午　下午两点多钟

任务二

思路点拨　本题考查学生对词语的赏析能力。作答时一是要结合工具书与文章内容理解词语的意思，体会其表达效果；二是要深入文章寻找这样精彩的语句并进行积累。

参考答案　形容美女身材修长，也形容花木等形体挺拔

　　　　　长颈鹿高大挺拔，静立不动

　　　　　作者对长颈鹿的喜爱

任务三

思路点拨　本题考查学生对文章写法的掌握程度。作答时先关注重点段中详写与略写的内容，再体会其好处，叙述时注意语言简明准确。

参考答案　详写狮群，略写犀牛、鬣狗、黄牛及导游阿里介绍的动物趣闻，这样有详有略，重点突出，增强了表达效果，让读者产生了深刻的印象。

读写力

李斩棘 杨玉松 编著

名家名篇解读 + 写作方法梳理 + 阅读理解训练

02

人民邮电出版社

北京

图书在版编目（ＣＩＰ）数据

读写力：名家名篇解读+写作方法梳理+阅读理解训
练 / 李斩棘，杨玉松编著. -- 北京：人民邮电出版社，
2023.8
　　ISBN 978-7-115-61747-7

　　Ⅰ. ①读… Ⅱ. ①李… ②杨… Ⅲ. ①阅读课－小学
－教学参考资料 Ⅳ. ①G624.233

中国国家版本馆CIP数据核字(2023)第090032号

内 容 提 要

本书紧扣小学语文要素进行阅读和写作的指导。

精选40篇经典文章，涉及童话、神话、寓言故事、民间故事、短篇小说、古典名著、外国名著、散文、非连续性文本等多种体裁。通过导读、旁批、总评等多种形式，总结分析人物、归纳段意、辨别详略等阅读方法，阐述观察、描写、说明、想象、抒情、表达观点等写作方法。

本书精心设计阅读理解题目，给出思路点拨和详细答案，帮助孩子读懂经典文章，提升阅读理解答题准确率。同时，布置仿写练习，帮助孩子迁移使用相应的写作方法，提升读写能力。

本书适合阅读理解答不准、扣分多，作文无从下笔的3~6年级孩子自主阅读，也可供家长、小学语文教师，以及从事阅读和写作研究的相关人员参考。

♦　编　　著　李斩棘　杨玉松
　　责任编辑　折青霞
　　责任印制　周昇亮

♦　人民邮电出版社出版发行　　北京市丰台区成寿寺路 11 号
　　邮编　100164　电子邮件　315@ptpress.com.cn
　　网址　https://www.ptpress.com.cn
　　天津翔远印刷有限公司印刷

♦　开本：700×1000　1/16
　　印张：21.25　　　　　　　2023 年 8 月第 1 版
　　字数：264 千字　　　　　2023 年 8 月天津第 1 次印刷

定价：79.80 元（全 2 册）

读者服务热线：(010)81055296　印装质量热线：(010)81055316
反盗版热线：(010)81055315
广告经营许可证：京东市监广登字 20170147 号

"神啊，我这么喜欢金子是愚蠢的。"他痛苦地说，"把金子都拿走，还我的女儿吧！"

——《点金术》

我要随时都可以在田野上自由地徜徉；我受不了任何链条的束缚。

——《狼和狗》

想起故乡，就想起芦苇。在那星月交辉的夏季，我最喜欢带着弟弟到芦苇丛中抓纺织娘。

——《故乡的芦苇》

那曾是她老人家教我包过的花边饺。花边里浸满浓浓的母爱，如今，我谨以花边饺讨得年迈母亲的快乐和开心。

——《花边饺》

目　录

一

童话故事阅读

1 《馅饼岛》

反复的结构，构思童话

/ 背景介绍 /

《馅饼岛》是一篇反复结构的童话故事，讲述了老太太把一块天包进馅饼里烤，结果馅饼飞上了天，老头、老太太、飞行员和一些小动物跳上了馅饼一起飘，最后馅饼落到大海上，变成一个小岛，大家在岛上快乐地生活着。

阅读方法：阅读童话故事时，了解反复中的变化，这篇童话故事精彩有趣的秘密，正是在于反复结构"谁，遇到什么困难，怎么跳上馅饼的"。

馅饼岛

琼·艾肯

在一个非常寒冷的国家里，有一个老头，他让老太太给他做顿苹果馅饼吃，老太太答应了。

老太太拿着面粉、苹果、油和水，揉成一个面团。这时外面的雪纷纷扬扬下得正紧。老太太往窗外瞧的时候，灰蒙蒙的天掉下来一小角，飞进了她的窗户。这块天落到了面团上，老太太用擀面棍把这块天压扁了，擀成了面皮。于是这块天就被包进了馅饼里，放进了烤炉。老太太把勺叉和盘子搁在桌子上，准备将烤得喷喷香的馅饼从烤炉里拿出来。

你猜怎么着？馅饼自己从炉里轻轻地飞了出来，飞到了屋子的另一头。老头和老太太伸手去抓，都没抓着馅饼。馅饼飞出了大门。他俩一直追，追进了花园。老头跳上了馅饼，老太太也跟着跳了上去。馅饼很轻，载着他们两口子，穿过纷纷扬扬的雪花，向天空飞去。花猫也跳上了馅饼。但是花猫太轻，

这是童话故事特有的写法：主人公获得某个宝物——掉下来的一小角天，才会发生后面的奇事。

老头和老太太跳上馅饼，花猫跳上馅饼，把飞行员拉到馅饼上……情节的不断反复，使童话故事曲折、生动，有吸引力。

馅饼依旧往上飞，越升越高。他们在天上看见一架用光了燃料的飞机，飞行员在里面冻得瑟瑟发抖。他们把飞行员拉到馅饼上，让他同他们一起飘。

飘了没多久，她们遇见一只鸭子，它是在自己会飞的时候，飞上云彩的，现在不会飞了，就回不到地面上。两位老人把鸭子拉上了馅饼，让鸭子同他们一起飘。没飘多远，他们又见到了一只山羊，它忘记了下山的路。两位老人让山羊也到馅饼上来。他们飘到一座大城市上空，看见一幢特别高的大楼上，站着一头大象，在纷飞的大雪中，大象显得非常可怜。他们让大象跳上馅饼。

反复情节中的关键元素发生了变化，即谁，遇到什么困难，怎么跳上馅饼的。正是这一次又一次的变化，推动了整个故事向前发展。

馅饼飘呀飘，飘过寒冷地带，飘到一片蔚蓝的大海上。这时，馅饼渐渐凉了，开始慢慢降落。海面出现一个长满苍翠树木的海岛，他们决定就降落到那可爱的小岛上。

可是他们没有想到这个小岛太小，居民们举着一块牌子，牌子上写着：没有停放馅饼的地方。另一个小岛上的人也举着同样的牌子。就这样，馅饼落到大海上，变成一个小岛，岛上长出苹果树，结出红艳艳的苹果。山羊给大家产奶，鸭子给大家下蛋，小猫为大家捉鱼，大象用它的长鼻子给大家摘苹果。大家在岛上快乐地生活着。

童话故事的一大魅力就是结尾的意外。馅饼变成一个小岛，所有跳上了馅饼的小动物在最后都发挥了应有的作用。

＼ 写 作 亮 点 ＼

亮点一：情节因反复而曲折。

童话故事经常使用反复结构来推动故事情节的发展。反复结构使童话故事易于讲述和表演，能够增强童话故事的趣味性。在《馅饼岛》的故事中，不断有人和动物跳上馅饼，这种反复让故事情节曲折，避免了平铺直叙。

亮点二：语言在反复中求变化。

童话故事中的反复常常是文本的精妙之处，是作者语言智慧的闪光点，尤其是反复中对"变化"的描写非常精彩。在《馅饼岛》的故事中，飞行员、鸭子、山羊、大象跳上馅饼前遇到的困难都值得回味。

总评

在童话故事中，反复结构是非常经典的结构。聚焦反复结构，可以让读者发现故事内在的逻辑联系，帮助读者读懂故事，梳理故事情节，概括故事内容。

阅读理解

任务一

你觉得这个故事中，哪个部分最有趣？为什么？

_____

_____

_____

任务二

如果故事中只讲花猫跳上了馅饼，不讲后面的飞行员、鸭子、山羊等跳上馅饼，你感觉行不行？为什么？

_____

_____

_____

任务三

当馅饼刚做好就飞上天时，当花猫、飞行员、鸭子、山羊等跳上馅饼时，老头和老太太会说些什么呢？任选一处试着写一写。

_____

_____

_____

仿 写 提 示

　　每个孩子都是童话作家，根据故事的反复结构，你也试着创作一个童话故事吧。

2 《面包房里的猫》

丰富的想象，渲染童话

／ 背 景 介 绍 ／

《面包房里的猫》是一篇想象奇特的童话故事。它讲述了一只猫吃了掺了酵母的牛奶，身体胀得越来越大，把琼斯太太厨房的墙壁给撑裂了，最后，猫用它巨大的身体，救了镇上的人。这到底是怎么一回事呢？一起去看看吧。

阅读方法： 阅读童话故事时，尝试转换视角，将自己看成文中的那只猫，为自己插上想象的翅膀。

面包房里的猫

琼·艾肯

开面包房的琼斯太太养了一只猫，猫的名字叫莫格。

一天，琼斯太太见莫格太淘气，就要它到外面去玩。天上正下着倾盆大雨，湍急的河水流过镇中心。莫格蹲在水边找鱼吃，身上被雨淋得透湿。等琼斯太太把它叫回来的时候，它一连打了九个喷嚏。

琼斯太太赶紧用毛巾把莫格擦干，然后又给它喂了点儿掺着酵母的牛奶。她让莫格在火炉边坐着，自己带着雨伞买东西去了。

你猜猜，发生了什么事？酵母把莫格发起来了！它在温暖的火炉边打瞌睡的时候，身体胀得越来越大。起初，它大得像一只绵羊。接着，它大得像一匹拉车的马。再后来，它大得像一头大河马。最后，它把琼斯太太厨房的墙壁给撑裂了。

“起初”“接着”“再后来”“最后”，这些表示时间顺序的词让我们清晰地看到了莫格充满想象的变化。

琼斯太太回到家，不禁大叫起来："天哪，我的房子怎么了？"只见整座房子膨胀起来，歪七扭八的。厨房里伸出粗大的猫胡子，大门里伸出大尾巴，爪子和耳朵分别从卧室的两扇窗户中伸了出来。"喵！"莫格伸了个懒腰，顿时，整座房子都塌了。

镇上的人看到这情景都非常震惊，担心它会没完没了地长，最后把整座小镇给撑破。于是，可怜的莫格被赶出了城门。

莫格走进山谷，这时候它已经胀得比大象还大——几乎有鲸鱼那么大。它在河里捉鱼。捉了好多好多鱼，它心里真快活。

雨下得太大了，山谷上边传来了洪水的咆哮声，河水开始泛滥，越来越多的雨水灌进河里，从山上直奔下来。莫格心想：如果我把水拦住，那些好吃的鱼便不会被水冲走。于是它一屁股坐在山谷中间，把身体展开，活像一块又大又胖的大面包。洪水被莫格挡住了。

城里的人听到洪水的咆哮声，害怕极了。大家都往山上跑，想躲过这场灾难。突然，他们发现莫格在山谷中间坐着，它身后是一个大湖。

"琼斯太太，"镇长说，"你能不能让你的猫待在那儿不动，好让我们在山谷里修一座水坝，把

这奇妙大胆的想象增强了画面感，使故事情节更加吸引人，为后面的修建水坝做好铺垫。

洪水挡住？"

"没问题！"琼斯太太说，"只要在它下巴底下挠挠痒，它就会老老实实地坐着。"

于是大家就在莫格下巴底下挠了三天三夜。工匠们日夜不停地修建那横跨山谷的大水坝。

人们给莫格带来了各种各样好吃的东西——奶酪、沙丁鱼，还有巧克力！可是莫格已经吃了好多鱼，所以它一点也不觉得饿。

到了第三天，水坝修好了，小镇安全了。镇长高兴地将一枚奖章挂到了莫格脖子上。奖章上写着：小镇救星。

从那以后，莫格要去湖里捉鱼吃的时候，警察会管制交通让它独自通行。它的尾巴在房顶上摆来摆去，胡须碰得楼上窗户咔嗒咔嗒响。但是大家一点也不怕它，因为知道它不伤人，知道它是一只温和的猫。

人们善待莫格，专门为它开辟吃鱼通道，向我们揭示了人类与动物相互依存的关系。

亮点一：童话故事中充满了神奇的想象。

幻想是童话故事的灵魂，夸张是童话故事的血肉，两者结合，使这个童话故事充满了神奇的想象，莫格喝了一点儿掺入了酵母的牛奶而变大，给人奇妙无比又合情合理的感觉。

亮点二：童话故事中蕴含深刻的寓意。

童话故事的主旨一般是教人勇敢、热情、善良、乐观、仁爱等，这个童话故事也不例外，传递给我们深刻的道理：善待他人，就是善待自己。

总评

童话故事是一种具有浓厚幻想色彩的虚构故事，多采用夸张、拟人、象征等表现手法去编织奇异的情节。童话故事最大的特征是用丰富的想象力，赋予动物、植物等人的感情。故事中琼斯太太的爱猫莫格发生的一系列变化，都源自作者丰富的想象。

| 阅 读 理 解 |

任务一

读一读第 4、第 5 自然段，说一说你认为最有趣的部分。

_____

_____

_____

任务二

莫格喝了牛奶之后的变化真有趣！你能用"起初……接着……后来……
再后来……最后……"把它的变化过程复述一遍吗？

_____

_____

_____

任务三

想象一下，如果过段日子，莫格又变大了一些，会发生什么有趣的事？

_____

_____

_____

想象是思维的翅膀，想象是闪光的彩带，想象会给我们带来无穷的乐趣。请你选好故事中的人物，定好事情发生的时间、地点，想好发生的事件，设定一个像"掺入了酵母的牛奶"一样有魔法的物件，然后展开合理的想象，编写一个童话故事。

二

神话故事阅读

3 《点金术》

神奇的想象，成就神话

/ **背景介绍** /

《点金术》是一篇神话故事，故事中的希腊国王麦得斯十分喜欢金子，神灵为了惩罚他的贪得无厌而赐给了他点金术，接下来，麦得斯在经历了一系列的情绪变化后，真正明白了什么是幸福。

阅读方法：我们阅读神话故事时，往往感觉它很神奇，这是因为神话具有"超验"的特性，其表现在两个方面，一是时间的跨度大，二是内容的幻化性。

点金术

很久很久以前，希腊有一个国王，名叫麦得斯，他最喜欢金子。

一天，他祈祷神灵赐给他更多的金子。神灵看他这样贪得无厌，就决定惩罚他，说："好吧，我赐给你点金术，明天早晨你接触到的一切都会变成金子。"

听到这话，麦得斯心花怒放，对自己说："我将成为世界上最富有、最幸福的人了。"

第二天，他很早就起床了。他触到床，床就变成了金的。他开始穿衣服，衣服也成了金的。麦得斯高兴极了。

随后，麦得斯到花园里去赏花。天空晴朗，阳光明媚，玫瑰花芬芳艳丽。他摘下一朵大红玫瑰花，这花一到手中立刻变成了金的。他又摘下一朵，又

神话故事为了突显神奇，常常用"很久很久以前"这样的词来表示模糊而又能让人产生悠远感的时间。

"接触到的一切都会变成金子"，这属于神话"幻化"，在读者面前展现了一幕幕神奇、玄妙的场景。

成了金的。这使他很扫兴，因为他喜欢色彩缤纷的鲜花。

麦得斯去吃早饭。他端起一杯牛奶，牛奶立即变成了金的。他拿起一片面包，面包也成了金的。现在，麦得斯开始闷闷不乐了。因为，金子既不能吃，也不能喝。他虽然成了世界上最富有的人，但却饥肠辘辘。

麦得斯又来到花园。他的小女儿正在花园里，她看到爸爸，就向他跑来。麦得斯非常喜欢小女儿，便亲吻了她一下，小女儿立刻变成了一座金雕像。

"神啊，我这么喜欢金子是愚蠢的。"他痛苦地说，"把金子都拿走，还我的女儿吧！"

神灵说："到你花园旁的河里去洗洗手，河水会把点金术带走的。"

麦得斯到河里去洗了手，然后，疾步如飞地向他小女儿的金雕像跑去。他再一次亲吻她，使她还原成美丽可爱的小女儿。

麦得斯永远也忘不了这个教训。

"闷闷不乐""既不能吃，也不能喝"等词句，写出国王开始讨厌自己拥有的超能力。当他最爱的小女儿竟然也变成了金雕像时，他开始意识到自己的愚蠢。

点金术，那么神奇的魔法，竟然用"河水"洗洗手就可以消除，小女儿被亲吻一下即可复活，这就是神话故事特有的幻化性。

亮点一：天马行空的想象。

神话突破了时空局限，也给予了人们想象的自由，恰恰就是奇幻的神话情境为读者营造出了广阔的想象空间。那么魔幻的点金术，在神话故事里也是"呼之即来，挥之即去"。

亮点二：超凡的人物。

神话故事中总有一个超凡的人物，他蕴含一种神奇的力量，充满神秘的色彩。本文中的神灵就拥有超越自然的神奇能力。

总评

神话故事中的人物能在读者的脑海中留下鲜明的印象，一方面在于其拥有超越自然的神奇能力，另一方面也在于作者充分发挥想象力，对神话人物进行了深入而鲜活的形象刻画。

任务一

从哪些地方可以看出国王的贪得无厌？找出这样的句子读一读，并说说
自己的体会。

_____

_____

_____

任务二

对比阅读第 3 自然段和第 8 自然段，说说国王为什么有这样的变化。

_____

_____

_____

任务三

发挥你的想象，如果这位国王仍旧执迷不悟，将会有怎样的后果？

_____

_____

_____

在课余时间，你可以看看《中国神话故事》这本书，书中的故事内容丰富、想象奇特，故事的主人公身上都有许多优秀的品质，寄托了先民们美好的情感和愿望。相信你读完后，一定有很多感受和体会，不妨把它写下来吧！

4 《神农尝百草》

鲜明的人物，塑造神话

背景介绍

《神农尝百草》是中国古代神话传说，讲述了神农为了拯救被病痛折磨的百姓，冒着生命危险遍尝草药，后来中毒身亡，留下了珍贵的药学资料《神农本草经》。

阅读方法：神话故事的主人公身上一般都有许多优秀的品质。阅读神话故事时，找出触动自己的人物或情节，结合具体的文字，感受神话故事中鲜明的人物形象。

神农尝百草

居住在西方昆仑山的西王母不仅掌管着珍贵的长生不老药，而且还管理着各种毒虫疫兽。有一天，由于手下失职，导致一大批毒虫和疫兽都逃出了昆仑山。于是疾病和瘟疫开始在人间蔓延，天下百姓被病痛折磨得苦不堪言。

天帝在得知了这个消息之后，赶紧派遣炎帝神农氏去人间为百姓解除疾苦。神农是个非常善良的天神，他长着牛头人身，肚子是透明的。

当神农氏奉命来到人间后，发现无论是要防止瘟疫蔓延，还是将已经患病的百姓治好，都需要很多草药。但是草药十分难寻，它们通常会与杂草长在一起，没有人知道哪些是可以治病的草药，哪些是会害人的毒草。即便找到了草药，也不知道哪些草药可以对应治疗的疾病。

这可是一个很棘手的问题，神农苦思冥想了好

"牛头人身，肚子是透明的"，这是神话故事中主人公的奇特之处，超越了普通肉身的局限。

023

久，最后决心要亲自尝遍百草，再确定每种草的药性。于是，他走遍高山、峡谷，亲自采摘花草，放到嘴里尝，然后详细记载下来：哪些是苦的、哪些是甜的、哪些性热、哪些性凉、哪些能充饥、哪些能医病，都记得清清楚楚。他凭借自己对草药药性的了解，将不同的草药给不同症状的患者服用。

他把带有苦味的草给咳嗽不止的人吃，咳嗽立刻减轻不少；他把带有酸味的草给肚子疼痛的人吃，肚子疼也缓解很多……就这样，神农给许多百姓治病，并且都治好了，从此大家非常尊敬他。

可是，遍尝草药的方法并不安全。这一天，神农品尝一棵药草，刚嚼了几下，突然觉得头晕目眩，一头栽倒在地。神农清楚地知道自己已经中了毒，但他说不出话，只能憋住一口气，指着面前的红灵芝。幸好他旁边恰巧有人经过。大家赶紧扶起他，把灵芝嚼碎喂到他的嘴里，才帮他解了毒。大家都很替他担心，于是劝他说："您一个人在山上太危险了，如果不是碰巧今天我们在这儿，都没有人可以帮您解毒，还是下山回去吧。"

神农摇摇头说："不能回！还有很多生病没治好的百姓，还需要很多种草药，怎么能回去！"就这样，神农冒着生命危险，为百姓寻找草药。他曾经在一天内中毒十三次，好在他的肚子是透明的，可以看清五脏六腑，看清中毒的部位，及时找到解救的方法。

有一次，神农发现一种生长在石缝中的藤状植物，开着可爱的小黄花，花萼还一张一合地动，觉得很好奇，便摘下花和茎吃到肚子里，等待身体的反应。没想到，这种植物含有剧毒，过了一会儿，神农的肚子开始钻心地痛，眼看着自己的肠子被毒得一截截断开，来不及解毒就被毒死了。后来，人们给这种植物起名叫"断肠草"。

神农虽然死了，但他留下了《神农本草经》，书中内容是他记载的三百六十五种草药的性能和用途，是非常珍贵的药学资料。

"不能回""一天内中毒十三次"等词句，凸显出神农身上凝聚着的中华民族引以为傲的民族精神——勤劳、勇敢、善良。

＼ 写 作 亮 点 ／

亮点一：神奇的情节，丰富人物形象。

神农的模样神奇：长着牛头人身，肚子是透明的。故事情节神奇：肚子是透明的，可以看清五脏六腑，看清中毒的部位，及时找到解救的方法。这样细致的描写，让读者感受到鲜明的人物形象，表现了神农具有的神奇的能力与崇高的精神。

亮点二：语言的描写，符合人物形象。

文章没有对神农的语言和动作进行过多的描写，但是"不能回！……怎么能回去！"两处感叹号，充分表现了他救治百姓的坚定和勇敢无畏。

总评

神话最重要的文体特点在于"神"字。神话故事极具神奇特色，其中包含神奇人物、神奇力量、神奇想法，字词、句子里蕴含了神奇色彩。在阅读神话故事时，找出神奇的地方，感受神话故事中鲜明的人物形象。

| 阅 读 理 解 |

任务一

神话故事有神奇的情节，有神奇的人物，还有神奇的想象。你认为本文哪些地方的描写很神奇？请用横线画出来，并简单说一说原因。

_____

_____

任务二

文中写神农亲尝草药的过程："于是，他走遍高山、峡谷，亲自采摘花草，放到嘴里尝，然后详细记载下来：哪些是苦的、哪些是甜的、哪些性热、哪些性凉、哪些能充饥、哪些能医病，都记得清清楚楚。"请你展开丰富的想象，写一写神农在这个过程中会遇到哪些困难，他又是如何克服的。

_____

_____

任务三

文章详细叙述了神农尝百草解救百姓的事情，最后一段好像和此事没有关系，能否删除？说说你的理由。

_____

_____

_____

　　《神农尝百草》的神话故事深入人心，你想和这样的人在一起待一天吗？发挥想象，你们一起会干什么，结果怎么样。赶快写一写吧。

_____

_____

_____

_____

_____

_____

_____

三

寓言故事阅读

5 《狼和狗》

关注对话，读懂寓意

《狼和狗》这则寓言主要通过对话展开故事情节，将狼与狗作对比，以狗的贪图安逸、甘愿寄人篱下的性格特点反衬狼的自由至上、独立不羁的性格特点，颠覆了我们脑海里固有的狼凶残狡诈的形象。一起来看看吧。

阅读方法：我们在学习寓言的时候，一定要通过品读对话、分析形象来领会寓意，并从中受到启发和教育。

狼和狗

费德鲁斯

一天，一条狗和一只狼在森林里相遇了。狼问道："兄弟，你怎么会养得这么好，皮毛又光又亮？"

狗答道："是这样，我现在作了一座房子的护卫。窃贼和谋害者再不敢靠近这座房子一步。我每报一次警，就能得到足够的面包，主人还会赏我一根很大的肉骨头。其他人对我也是这样。仆人们很喜欢我，饭桌上吃剩的食物或者有谁不爱吃的东西，他们都扔给我。这样，我的肚子总是填得满满的。皮毛也十分光泽。我睡在有遮蔽的房门下，也从未缺过水，而为这一切优厚的待遇我只需付出很少的劳动。"

狼一听，说："噢，兄弟，你过着多么舒适的日子啊！要是我也这么快活该多好！我真希望逍遥自在又不愁吃喝，在可靠的屋檐下寻到安身庇体之处，舒舒服服地生活。"

狗关于自己优越处境的描述，为后面狼和狗并肩去为狼寻找一个同样的安乐窝，做好了铺垫。

狼听到狗的介绍之后产生羡慕之情，不仅合情合理，增强了故事性，而且为狼的形象增加了"血肉"，使之亲切、生动。

狗答道："你也想过这种好日子吗？那跟我来吧。你这一生就什么也不用烦了。"狼高兴地同意了。它们继续结伴前行。

它们肩并肩地跑着时，狼发现狗的颈子上有一圈毛被磨得光光的了。它站住问道："兄弟，是什么东西把你颈子上的毛磨成这样？皮都磨出了伤痕？"

狗答道："噢，是这样，因为我太野了，人们白天把我系在链条上，但夜间我就自由了，随便在房里到处跑，要睡哪就睡哪儿。"

狼听了这话说道："我没兴趣了。你所拥有的那份舒适，我内心已不再向往。我要随时都可以在田野上自由地徜徉；我受不了任何链条的束缚。在孤漠的山顶上，我将为我的自由歌唱，明天的事不去操心多想。我才是羊群的真正主人，略施小计就能叫所有的猎狗都受骗上当。好啦，你就照现在这个样子生活下去，我还是一如既往。"

于是，它们友好地分了手。狗回到它的主人身边，狼则返身融进了荒野。

亮点一：以生动的对话突显人物个性。

这则寓言故事主要由狼和狗的对话组成，对话推动故事情节的发展。全文并没有过多的细节描绘，但是，我们可以通过狼和狗各自的话语发现它们性格上的差异。

亮点二：对话中蕴含深刻的寓意。

寓言中的某些重点语句，往往蕴含着深刻的道理，我们只要反复推敲，就能领会。抓住"我要随时都可以在田野上自由地徜徉；我受不了任何链条的束缚"这句话，重点理解整篇寓言，就可以领会寓意了——有时候，自由比安乐更重要。

总评

寓言由两部分组成：一是故事，二是道理。读寓言，我们不仅要读懂故事和道理，更要寻找并发现故事和道理之间的联系，体会作者"借故事说道理"的语言智慧。这则寓言故事，通过狼和狗的对话，赞颂了狼对自由的热爱和渴望。

任务一

故事中的对话展现了狼与狗不同的性格，请在文中圈画出令你印象深刻的一处对话，试着写一写你从中感受到了狼或狗怎样的性格特点。

_____

_____

任务二

读下列句子，回答问题。

我要随时都可以在田野上自由地徜徉；我受不了任何链条的束缚。

寓言中的重点语句往往蕴含着深刻的道理，只要反复推敲就能理解其中的深意。请结合文章内容，说说你从这句话中明白了什么。

_____

_____

任务三

为什么狼依然过着流落荒野的生活？联系文章，结合狼的理想与愿望，发挥想象写一写原因。

_____

_____

寓言最显著的特点是借故事说道理，这篇文章使用了很多对话，凸显了人物的性格，阐发深刻的道理。请你也来试着编写一个寓言故事吧，结合自己的生活实际，讲一讲你想告诉大家的生活道理。

6 《獾和狐狸》

联系生活，理解寓意

/ 背 景 介 绍 /

　　《獾和狐狸》是一个结局出人意料的寓言故事。它讲述了一只狡诈的狐狸，为了吃到捕兽器上的那块肉，又怕自己遭遇杀身之祸，于是暗地里定下了用獾的生命为自己换取那块肉的毒计，结果搭上了自己的性命。

　　阅读方法：寓言故事的主人公一般都象征着生活中的某些人或事物，阅读时联系生活实际，更有利于理解其寓意。

獾和狐狸

有一次，獾和狐狸一起在山里散步。它们商定，要像知心朋友一样分享每一件猎物和所有可吃的东西。

狐狸知道，有个地方安置着一只捕兽器，上面挂着一块肉。它把獾带到那儿去，指着那块肉说："瞧，我亲爱的侄儿，你聪明的叔叔把你带到一个多好的地方来啦，在这儿我俩可以美餐一顿。你比我机灵，你小心地悄悄地过去。我在这儿放哨，以防那个安捕兽器的农夫突然袭击我们。"

獾同意了，蹑手蹑脚地走到捕兽器旁边，小心翼翼地想拖走钩子上的肉，突然"啪"的一声，它的前脚被夹住了。它痛得直喊："救命啊，叔叔！疼死我啦！"

狐狸赶快跑上来，它不是去救獾，而是从容不迫地吃起那块肉来。它一边啃，一边说："再忍耐一会儿，等我吃完这点肉，我就把你的前脚从夹子里

狐狸生性狡猾，故事开头却说它要和獾分享食物，设置悬念，引人好奇。

獾把狐狸当朋友，甚至尊敬的"长辈"，直到被捕兽器夹住，它还称狐狸为叔叔，可见它的天真。

拉出来。"

　　这时，獾发现自己上了狐狸的当，它猛地一把抓住狐狸的脖子。正好农夫也赶来了，老远喊道："牢牢地抓住它，獾！我发誓，不动你一根毫毛！"

　　农夫杀死狐狸，剥下它的皮，对獾说："你可以走了，你的皮值不到两个银币，而这张狐狸皮，我能卖到八个银币。"獾赶快跑掉了。

这是故事的转折点，正当我们为獾的可悲遭遇惋惜时，笔锋突然一转，结局出人意料。

想当初，狐狸在算计獾时是何等得意，可它终究没能躲过自己的"巧计"所招致的杀身之祸。

亮点一：寓言故事的结局出人意料。

这则寓言故事注重情节设计，读来颇为扣人心弦、引人入胜。它先写狐狸欺骗獾的甜言蜜语，后写獾的上当，再写獾的觉醒，最后笔锋突然一转，写獾的得救和农夫对狐狸的惩罚，大快人心。

亮点二：寓言故事的寓意多元化。

一般来说，寓言故事中有几个人物形象，可能就有几种解读寓意的角度。阅读寓言故事时，可以联系生活实际，这样有利于理解寓意。

例如，从狐狸的角度理解寓意：一切以"聪明"手段害人的人，自己也必将被这"聪明"所害。所以，"多行不义必自毙""聪明反被聪明误"正是形形色色的"狐狸"们的必然结局。

从獾的角度理解寓意：必须提高警惕，谨防被欺负和上当！獾为什么会被狐狸迷惑而险些丧命呢？因为它分不清朋友和敌人。

总评

寓言故事不仅能把美好的事物呈现给我们，还能告诉我们很多为人处世的道理，帮助我们积累语言素材，丰富精神世界，提高文学素养。阅读寓言故事时，我们需要联系现实生活，以加深对生活的感悟，明确故事所要表达的道理。

| 阅 读 理 解 |

任务一

本文讲述了獾和狐狸的故事，情节引人入胜，先写＿＿＿＿＿，接着写＿＿＿＿＿，然后写＿＿＿＿＿，最后写＿＿＿＿＿。其中，最出人意料的是＿＿＿＿＿＿＿＿＿＿＿＿＿＿＿＿＿＿。

任务二

读下列句子，回答问题。

这时，獾发现自己上了狐狸的当，它猛地一把抓住狐狸的脖子。

从"猛地一把抓住"可以看出獾发现自己上当后的生气。此时的獾如果大声叫骂，它会说些什么？

＿＿＿＿＿＿＿＿＿＿＿＿＿＿＿＿＿＿＿＿＿＿＿＿＿＿＿＿＿＿＿＿＿

＿＿＿＿＿＿＿＿＿＿＿＿＿＿＿＿＿＿＿＿＿＿＿＿＿＿＿＿＿＿＿＿＿

任务三

这个寓言故事为我们塑造了鲜明的人物形象，还告诉了我们一些为人处世的道理。你从獾和狐狸的身上得到了什么启发？可以从中选择一个角度说一说。

＿＿＿＿＿＿＿＿＿＿＿＿＿＿＿＿＿＿＿＿＿＿＿＿＿＿＿＿＿＿＿＿＿

＿＿＿＿＿＿＿＿＿＿＿＿＿＿＿＿＿＿＿＿＿＿＿＿＿＿＿＿＿＿＿＿＿

　　你可以为自己的寓言故事设计多个角色，让每个角色暗含你要表达的寓意，这样的故事一定很精彩，试着写出来吧。

_____

_____

_____

_____

_____

_____

_____

_____

_____

_____

四

民间故事阅读

7　《龙牙颗颗钉满天》

传奇色彩，照亮民间故事

／　背 景 介 绍　／

　　《龙牙颗颗钉满天》是一个神奇的民间故事。它讲述了为了争夺一个蜜桃，乌龙哥哥和乌龙弟弟打了起来，把天皮碰裂了的故事。勇敢的男孩桑出发去找绿胡仙帮忙，最后和白姑娘一起用龙角和龙牙把天空补好了。那些越变越多的龙牙，据说就是我们现在看到的天上的星星。

　　阅读方法：民间故事具有传奇色彩，充满想象力，情节中充满了浪漫的幻想。阅读民间故事时，注意去发现故事中不可思议的地方。

龙牙颗颗钉满天

从前，有一对老夫妻在山坡上锄地。忽然，从山顶"轰隆隆"地滚下一块大石头。石头滚到田地旁边，"哗"的一声裂开了，白色的棉花里钻出个白白胖胖的娃娃。老爹爹忙伸手迎了上去，为白捡了一个男娃娃而高兴。

自那以后，男娃娃一天天长大，不久就长得又高又大，老爹爹给他取名叫桑。桑是个勤劳孝顺的孩子，能打猎会耕种。老夫妻这下可享清福了，天天笑得合不拢嘴。一家人过着幸福快乐的生活。

那时候，北海有一条大乌龙，南山洞里也有一条大乌龙，两条乌龙是好兄弟。北海乌龙有两只大大的结实的龙角，是哥哥；南山乌龙有个大大的嘴巴和一口锋利的牙齿，是弟弟。

乌龙哥哥来找乌龙弟弟串门，乌龙弟弟正张着大嘴看着自家洞口树上九个红嫩嫩的大蜜桃流口水。于是弟兄俩开始分吃蜜桃，一人四个蜜桃，还剩一

> 开篇交代了男主角桑的神奇身世——从山顶滚下来一块石头，石头爆裂后，中间的白棉花里面的娃娃就是桑。

个最大最红的蜜桃。两条乌龙都争着想吃最大的那个，互不相让。越争越激烈，两条乌龙打了起来。乌龙哥哥用他强有力的龙角去顶乌龙弟弟，乌龙弟弟则张开他满是锋利龙牙的大嘴向乌龙哥哥咬去。两条乌龙打得不可开交。

大地震动了，石头乱飞；大海也震动了，浪花乱卷。接着，他们从地上打到了空中，把天皮碰裂了，他们的脑壳也碰破了，鲜血四溅，鳞片纷飞。乌龙哥哥沉入了北海，乌龙弟弟掉进了洞里。

乌龙把天碰裂了，这可不得了啦！热天，雨像瀑布一样从天缝中冲下来；冷天，冰雹像石块从天缝中落下来。地上的树木被淹死了，房屋被砸塌了，人们只能躲在山洞里不敢出来。

看到大家受苦受难，老爹爹告诉桑，在赖弄山住着个绿胡仙。他乐于助人，或许有解决问题的办法。于是桑决定去找绿胡仙帮忙。桑冒着大雪大风，白天也走，晚上也走，肚子饿了吃树叶，口渴了喝清泉。翻过了九十九座山，渡过九十九条河，桑一刻不停地走着。终于，桑到达了赖弄山。光溜溜的石壁上有一棵大树，树上吊着个圆屋子，绿胡仙就住在里面。门是关着的，桑只能在草地上蜷着睡了一觉。

圆屋子门打开了，绿胡仙垂下他的绿胡子开始梳。桑一把揪住他的胡子往上爬。绿胡仙心疼他的

故事中争斗的原因很具有儿童色彩，两条乌龙打架竟然是为了争着吃最后一个蜜桃。

故事中一些不可思议的地方为故事增色不少。两条乌龙竟然把天皮碰裂了，热天的雨和冷天的冰雹影响了人们正常的生活。

胡子，就告诉桑，在乌溜山住着老熊王，他的女儿白姑娘会补天缝。并且送给他一顶金属帽、一副绿手套和一双绿草鞋。

桑穿着绿草鞋，戴着金属帽和绿手套来到了乌溜山，在山脚一边唱一边推："绿草鞋呀脚上穿，乌溜山下踩一踩。手上戴着呀绿手套，手推山呀响嘟嘟。金属帽呀戴头上，头碰山呀响当当。"

不一会儿，有一朵大红花正对着桑飞来，花芯里有个美丽的姑娘，她骑着白色的绵羊，一手提着袋子，一手牵着另一只绵羊，她正是白姑娘。白姑娘把羊皮袋递给桑，里面装着金钳，并且告诉桑，补天需要龙牙钉和龙角锤。

为了惩罚两条乌龙，也为了补天，桑带着金钳和羊皮袋飞到北海边。乌龙有气无力地瘫在海边。桑靠近他，使劲将乌龙哥哥的龙角拔了下来，装在羊皮袋里。接着，桑又来到了南山，乌龙弟弟也无力地瘫在洞口。桑用金钳撬开乌龙弟弟的大嘴，将龙牙一颗颗拔了下来，装在羊皮袋里。

之后，桑和白姑娘一人骑着一只绵羊向天上飞去。白姑娘将披风脱下变成了又长又大的布，将裂缝贴严了，桑再用龙角锤和龙牙钉钉住，就这样龙牙在披风上钉满了。可是，袋子里的龙牙却越变越多，有的还溢出去了，怎么钉也钉不完。桑和白姑

披风竟能用来补天，龙牙像变戏法一样，越变越多，这些离奇的情节和丰富的想象，凸显了民间故事的浪漫主义色彩。

娘决定骑着白绵羊巡游各处，像云朵一样在天空中来来往往去钉补遗漏的小缝缝。

地上的人们从山洞里出来，唱歌跳舞，欢呼雀跃。后来人们管那些龙牙叫星星。

╲ 写作亮点 ╲

亮点一：民间故事具有传奇色彩。

民间故事具有传奇色彩，充满想象力。例如，男主角桑的神奇身世，白姑娘的披风能补天，龙牙、龙角的特殊功能……这些神奇的想象与劳动人民的生活息息相关，情节充满了浪漫的幻想色彩，表达了劳动人民对幸福美好生活的期盼与追求。

亮点二：故事塑造了一个为百姓敢于担当的人物形象。

民间故事中的主人公大都是普通的劳动者，忠厚老实。故事中的桑也不例外，他是正义的化身，心地善良。桑为了补天，不怕路途遥远，风餐露宿，翻过九十九座山，渡过九十九条河，后来得到绿胡仙的指点和白姑娘的帮助，成功补天，救百姓于水火之中。

总评

民间故事往往表达普通民众对幸福生活的向往与渴望。故事里的主人公——桑，不仅形象鲜明，而且富有传奇色彩。故事里的龙也是按照情节的发展而设定的，两条龙被桑取了龙角和龙牙，毫无反抗。故事里的天，是那么容易破，而且还能补起来。这也是民间故事的一大特色，现实生活中不可能发生的事情在民间故事中都有可能发生。

任务一

文中讲述了一个神奇的故事，先交代了＿＿＿＿＿＿＿＿＿＿＿＿＿，接着
写＿＿＿＿＿＿＿＿＿＿＿＿＿，最后写＿＿＿＿＿＿＿＿＿＿＿＿＿。
故事中的主人公是＿＿＿＿＿，为了补天，他＿＿＿＿＿＿＿＿＿＿＿＿，我们从
中可以看出他是一个＿＿＿＿＿＿＿＿＿＿＿＿的人。

任务二

民间故事具有传奇色彩，充满想象力。读一读，在文中找一找你觉得不
可思议的地方，至少找出两处，并说一说这样写的好处。

＿＿＿＿＿＿＿＿＿＿＿＿＿＿＿＿＿＿＿＿＿＿＿＿＿＿＿＿＿＿＿＿＿＿

＿＿＿＿＿＿＿＿＿＿＿＿＿＿＿＿＿＿＿＿＿＿＿＿＿＿＿＿＿＿＿＿＿＿

＿＿＿＿＿＿＿＿＿＿＿＿＿＿＿＿＿＿＿＿＿＿＿＿＿＿＿＿＿＿＿＿＿＿

任务三

民间故事大多表达了人们对幸福生活的期盼与追求，在现实生活中不可
能发生的事情在民间故事中都有可能发生。想一想，在桑的身上还会发
生什么不可思议的事情？试着写一段话，事情越神奇越好。

＿＿＿＿＿＿＿＿＿＿＿＿＿＿＿＿＿＿＿＿＿＿＿＿＿＿＿＿＿＿＿＿＿＿

＿＿＿＿＿＿＿＿＿＿＿＿＿＿＿＿＿＿＿＿＿＿＿＿＿＿＿＿＿＿＿＿＿＿

＿＿＿＿＿＿＿＿＿＿＿＿＿＿＿＿＿＿＿＿＿＿＿＿＿＿＿＿＿＿＿＿＿＿

你可以尝试缩写《龙牙颗颗钉满天》这个故事，注意缩写后的故事要完整，情节要连贯，语句要通顺。

8　《裁缝儿子对付部落主》

三叠结构，讲述民间故事

　　《裁缝儿子对付部落主》是一篇语言质朴的民间故事，讲述了一个裁缝的儿子，以自己的聪明才智破解了部落主出的三道难题，从而使不讲道理的部落主再也不敢刁难他们。相信你读完这个故事，也会为裁缝的儿子拍手叫好。

　　阅读方法：阅读民间故事时，关注"三叠式"结构，它是指在一个故事里，或同样的场面出现三次，或类似的情节出现三次，从而形成一个完整的故事，塑造出个性鲜明的人物形象。

裁缝儿子对付部落主

从前，在一个地方，有个不讲道理的部落主。

有一天，部落主把裁缝叫到跟前说："各种各样的衣服我都穿过，就是没穿过石板衣服，你下去给我做一件石板衣服。"裁缝说了一声："遵命！"他就拼凑石板准备做石板衣服。裁缝的儿子问父亲："爸爸，你在忙什么？"父亲说："部落主想穿石板做的衣服，做不成会杀我的头。"儿子说："我去对付部落主。"部落主派人召父子俩问："石板衣服做好没有？"儿子说："做石板衣服，需要沙子捻成的线，没有这个做不成。"部落主说："我没听说过有沙子捻成的线。"儿子回答道："我也没听说过用石板可以做衣服。"部落主无法回答他的话，只好免去了用石板做衣服的差事。

有一天，部落主又把裁缝叫到跟前说："我吃过各种各样的饭菜，就是没有吃过公牛的奶，你下去给我弄点好吃的公牛奶来。"裁缝愁眉苦脸地回到了家里，儿子奇怪地问道："爸爸，出什么事了？"

父亲重复了部落主的话，儿子说："我去送公牛奶，你不用担心。"

第二天，裁缝的儿子走进部落主家里，部落主问他："我要的公牛奶在哪儿？"儿子回答道："不要提公牛奶的事，昨天晚上我父亲生了孩子。"部落主说："没有听说过男人还会生孩子的。"儿子回答道："既然男人不能生孩子，那么公牛又怎么会有奶？"部落主无话可说。

有一天，部落主又把裁缝叫去说："我要去藏北，在这期间你要数清我草场上一共有多少棵草。"裁缝来到草场，一棵挨着一棵地数草，儿子过来问："爸爸，你在这里干什么？"父亲说："部落主叫我数这草场上有多少棵草。"儿子说："你别干傻事。等部落主回来，我去完成这个差事。"过了几天，部落主回来，路过裁缝家时，问道："我草场上总共有多少棵草？"儿子反问道："主人，你去藏北时，你骑的马走了多少步？"部落主说："这没法数清。"儿子答道："你草场上的草也没法数清。"部落主斗不过裁缝儿子的智慧，再也不敢刁难他们了。

一边用较快的速度默读故事，一边预测故事的发展会更有意思。随着矛盾冲突的不断出现和解决，感受故事情节或紧张或舒缓的节奏，关注人物的命运。

裁缝的儿子每次都没有直接回答部落主的问题，而是针锋相对地提出类似的问题，最终使得部落主羞愧服输。

写作亮点

亮点一："三叠式"结构的运用。

中国的民间故事中几乎都存在着"三叠式"结构。例如，部落主三次刁难裁缝，裁缝的儿子三次从容应对，三次考验彰显了裁缝的儿子的聪明与机智，从而使情节跌宕起伏，生动有趣，也使得人物形象更加鲜明。

亮点二：清新平实的语言。

民间故事几乎由普通民众创作，没有华丽的辞藻和寓意深刻的语句，而是呈现出清新平实的特点。故事中的三次应对，语言质朴，有利于口耳相传，流传至今。

总评

民间故事中的"三叠式"结构是指，同样的场面或类似的情节通常反复出现三次，然后矛盾才得到化解，但每次重复又不是简单的一模一样的再现，而是同中有异或迥然不同，富于变换，层层深入。

阅读理解

任务一

读故事，想一想，部落主出了哪些难题？试着用简洁的语言概括：_____、_____、_____。

任务二

读下列句子，回答问题。

"既然男人不能生孩子，那么公牛又怎么会有奶？"

面对部落主要喝公牛奶的刁难，你认同裁缝儿子的应对方法吗？请结合文章内容阐述你的观点。

_____

_____

任务三

"三叠式"结构在中国民间故事中经常出现。你读过哪些民间故事运用了这样的结构？试着举出一个例子。

_____

_____

_____

　　通过前面的阅读，相信你对民间故事的"三叠式"结构已经比较清楚了，请你来创作一个民间故事，记得用上"三叠式"结构。

五

短篇小说阅读

9 《二十年后》

环境渲染，情节发展

/ **背 景 介 绍** /

  《二十年后》是一篇短篇小说，讲述了鲍勃按二十年前约定好的时间、地点，去会见要好的朋友吉米的故事。二十年的沧桑岁月里，他们经历了人生的辛酸。二十年后，命运却让他们以警察与通缉犯的身份相见。故事的结局出人意料，赶快来读读吧。

  阅读方法：读小说，要关注环境描写与情节发展，小说的情节发展与环境描写往往是相互依存、相互制约的，环境描写要以情节发展为依据，情节发展离不开环境描写。

二十年后

欧·亨利

纽约的一条大街上，一位值勤的警察正沿街走着。一阵冷飕飕的风向他迎面吹来。已近夜间十点，街上的人寥寥无几了。

在一家小店铺的门口，昏暗的灯光下站着一个男子，他的嘴里叼着一支没有点燃的雪茄烟。警察放慢了脚步，认真地看了他一眼，然后，向那个男子走了过去。

"这儿没有出什么事，警官先生。"看见警察向自己走来，那个男子很快地说，"我只是在这儿等一位朋友罢了。"

男子划了根火柴，点燃了叼在嘴上的雪茄。借着火柴的亮光，警察发现这个男子脸色苍白，右眼角附近有一块小小的白色的伤疤。

"这是二十年前定下的一个约会。如果有兴致

开头交代了当时的环境，"一阵冷飕飕的风"衬托出主人公对友情和承诺的重视，预示了故事的悲凉结局，暗示了主人公的悲剧命运。

"小小的白色的伤疤"这一看似不经意的发现，为故事情节的发展埋下了伏笔。

059

听的话，我来给你讲讲。大约二十年前，这儿，这个店铺现在所占的地方，原来是一家餐馆……"男子继续说，"我和吉米·维尔斯在这儿的餐馆共进晚餐。哦，吉米是我最要好的朋友。我俩都是在纽约这个城市里长大的。从小我们就亲密无间，情同手足。当时，我正准备第二天早上就动身到西部去谋生。那天夜晚临分手的时候，我俩约定：二十年后的同一日期、同一时间，我俩将来到这里再次相会。"

"你在西部混得不错吧？"警察问道。

"当然啰！吉米的光景要是能赶上我的一半就好了。啊，实在不容易啊！这些年来，我一直不得不东奔西跑。……"

又是一阵冷飕飕的风穿街而过，接着，一片沉寂。他俩谁也没有说话。过了一会儿，警察准备离开这里。"我得走了，"他对那个男子说，"我希望你的朋友很快就会到来。假如他不准时赶来，你会离开这儿吗？""不会的。我起码要再等他半个小时。如果吉米他还活在人间，他到时候一定会来到这儿的。就说这些吧，再见，警察先生。"

"再见，先生。"警察一边说着，一边沿街走去，街上已经没有行人了，空荡荡的。男子又在这店铺的门前等了大约二十分钟的光景，这时候，一个身材高大的人急匆匆地径直走来。他穿着一件黑

再次出现"一阵冷飕飕的风"，这不是语言的重复，而是作者有意为之，目的是渲染当时的气氛，为下文转换情节做铺垫。

色的大衣，衣领向上翻着，盖到耳朵。

"你是鲍勃吗？"来人问道。

"你是吉米·维尔斯？"站在门口的男子大声地说，显然，他很激动。

来人握住了男子的双手。"不错，你是鲍勃。我早就确信我会在这儿见到你的。啧，啧，啧！二十年是个不短的时间啊！你看，鲍勃！原来的那个饭馆已经不在啦！要是它没有被拆除，我们再一块儿在这里面共进晚餐该多好啊！鲍勃，你在西部的情况怎么样？"

"哦，我已经设法获得了我所需要的一切东西。你的变化不小啊，吉米，你在纽约混得不错吧？"

"一般，一般。我在市政府的一个部门里上班，坐办公室。来，鲍勃，咱们去转转，找个地方好好叙叙往事。"

这条街的街角处有一家大商店。尽管时间已经不早了，商店里的灯还在亮着。来到亮处以后，这两个人都不约而同地转过身来看了看对方的脸。

突然间，那个从西部来的男子停住了脚步。

"你不是吉米·维尔斯。"他说，"二十年的时间虽然不短，但它不足以使一个人变得容貌全非。"

从他说话的声调中可以听出，他在怀疑对方。

　　"然而，二十年的时间却有可能使一个好人变成坏人。"高个子说，"你被捕了，鲍勃。在我们还没有去警察局之前，先给你看一张条子，是你的朋友写给你的。"鲍勃接过便条。读着读着，他微微地颤抖起来。便条上写着："鲍勃：刚才我准时赶到了我们的约会地点。当你划着火柴点烟时，我发现你正是那个芝加哥警方所通缉的人。不知怎么的，我不忍自己亲自逮捕你，只得找了个便衣警察来做这件事。"

＼　写 作 亮 点　＼

亮点一：在环境描写中渲染故事气氛。

小说的环境描写，常常会渲染故事的特定气氛，从而增强故事的真实感。本文一开始就有一处对风的描写，一下子就把我们带进了一种悲剧的气氛，为我们了解故事情节、走近主人公做了铺垫。

亮点二：在情节铺陈中升华人物形象。

小说的情节，是小说最为重要的要素之一。卢伯克曾说过："情节对小说恰如骨骼对人体一般重要。"本文的情节一波三折，增强了故事的戏剧性和可读性，故事结尾给人意料之外、情理之中的感觉，增强了艺术感染力，凸显了人物的性格和思想，使人物形象陡然鲜明，起到了突出主题思想的作用。

总评

读小说，如果只是单纯追求故事情节的紧张曲折，而不想想作者通过一定的情节描写究竟想告诉我们什么，这种阅读就会使我们对人物的把握不够精准。读小说，不仅要注意情节本身的变化，还要注意发掘情节和人物性格特点之间的关联。

任务一

请你概括小说的主要情节。

_____

_____

小说两次写到"一阵冷飕飕的风",有什么作用?

_____

_____

任务二

你认为小说中的鲍勃是一个怎样的人?请你结合短文内容简要分析。

_____

_____

任务三

请你试着描写吉米认出二十年前的好友鲍勃是通缉犯后矛盾的心理活动。

_____

_____

_____

欧·亨利的短篇小说作品以反转结局闻名，你不妨也来写一篇小说，设计一个出人意料的结局吧。

10 《最后的绝招》

多种描写，刻画人物

/ **背 景 介 绍** /

　　《最后的绝招》讲的是"面人雷"凭借高超的技艺，时常帮助前来求助的警察破案，当他得知自己得罪坏人性命难保时，巧妙地用绝招为警察留下破案的线索。小说的情节扣人心弦，如电影一般精彩。

　　阅读方法： 阅读小说，要把握主要人物的外貌、语言、动作、神态、心理等，感受鲜明的人物形象。

最后的绝招

聂鑫森

"面人雷"是古城火车站候车广场上的一个小摊主，在那里捏面人将近一年了。他操着北方口音，六十来岁的样子，骨骼清奇，黄面短须，一双鹰眼。

他的行头很简单。一个可收可放的小支架，上面挂着一个纸板，正中写着"面人雷"三个大字，两边各写着一行小字："为真人捏像，继绝技传家。"再就是一个小木箱，里面放着捏面人的原料和工具。

他捏面人很快，顾客站个十来分钟就行了，称得上"立等可取"。顾客满意了，给十块钱；觉得不像，分文不取，而且立刻毁掉，再不重捏。

偌大的广场，人流量巨大，各类案子时常发生。"面人雷"空闲时会左瞅右瞅专捏那些有特点的人物——广场游荡趁机作案的小偷、碰瓷的骗家、"白

> "骨骼清奇，黄面短须，一双鹰眼"，这些词句生动形象地勾勒出了"面人雷"的形象。

粉"交易的团伙……捏好了，悄然入箱，秘不示人。

负责车站治安的铁路警察，常会秘密地把"面人雷"找来，请他帮忙破案。他把那些涉案疑犯的面人拿出来，"你们只管抓就是，错不了。"那些面人捏得太像了，一抓一个准儿。

一个秋天的深夜，"面人雷"睡得正香，门闩突然被拨开，两条大汉闯入，把他从被子里揪了起来。

大汉的动作"拨开""闯入""揪了起来"是如此粗暴，反衬出"面人雷"的沉着冷静、应对自如。

"面人雷"立刻明白是怎么一回事了。他很镇静地说："兄弟，总得让我穿上衣服、裤子，戴上帽子，风冷人哩。"

其中一个脸上有痣、年纪较大的汉子答说："老哥，是你把我们出卖给了官家，你应该懂规矩，今晚得用刀做了你！"

"面人雷"笑了笑，也不绕弯子了："兄弟，你们误会了。""老哥，没有不透风的墙，你老老实实跟我们走一趟。"

"我这一把年纪了，死也不足惜。兄弟，我捏了一辈子的面人，让我最后为自己捏一个吧，给老家的儿孙留个念想。"他们同意了。两个人坐到一边去，抽着烟，小声地说着话。

从"面人雷"的语言里，我们感受到他不仅不惧怕坏人的威胁，而且有胆识、有计谋，为后文警察顺利破案埋下了伏笔。

"面人雷"说了句"谢谢"，便拿出面粉和工具，坐在桌前，对着一个有支架的小镜子捏起来。很快就捏好了，是他的一个立像。有五寸多高，右手拿着小竹片，左手握拳。然后在底座边刻上一行字："手中有乾坤。'面人雷'自捏像。"

捏完，"面人雷"说："兄弟，我随你们走一趟，也算我们缘分不浅。"夜很深也很暗，一行人急速远去。

两天后，二十里外的一条深渠里发现了一具尸体，脖子上有深深的刀痕。人命关天，公安局调查后很快就知道了死者是"面人雷"。

公安局来到他的住处进行现场勘查时，在床铺垫被下找到了一叠汇款存根和几封家信，还有桌子上立着的那个栩栩如生的面人。但关于杀人凶犯几乎没有任何线索。

刑侦队长业余喜欢雕塑。他把"面人雷"自捏像放在办公桌上，关起门看了整整一天。那支形如利刃的小竹片尖端正对着那只握着的拳头，而那拳头显得硕大。"手中有乾坤"这几个字，也应是一种暗示。

他小心地掰开了那个拳头，在掌心里出现了两个极小的面人头像！放大镜下眉眼无不清晰，那个脸上有痣的汉子是黑道上的头目，因诈骗坐过牢。

"面人雷"在临死前，给这两个家伙捏了像，堪称大智大勇，不能不让人佩服！几个疑犯很快就被抓捕归案。

　　追认"面人雷"为"烈士"的报告随即批复下来。追悼会开得非常隆重，挽联写道："手中有乾坤，小技大道；心中明善恶，虽死犹生。"

亮点一：用直接描写来表现人物形象。

　　人物的语言和动作可以直接反映人物的特点。文中抓住"面人雷"的语言、动作等，写出了他善恶分明、从容自信、有胆识、有计谋的性格特点。

亮点二：用侧面衬托的手法来表现人物形象。

　　小说中警察的求助、大汉的威逼，侧面衬托出"面人雷"捏面人的技艺之高超。

总评

　　通过人物的语言和动作塑造人物形象,是小说刻画人物的重要手法,也是读者解读人物的重要切入点。通过人物的语言描写,可以解读出人物的个性特点。当然,环境与情节对塑造人物性格的变化与多样性也有不可忽视的作用。

任务一

阅读文章第 2、3、4 自然段，用三个短语说出"面人雷"的技艺高超。

_____、_____、_____。

任务二

这篇小说运用了多种手法来塑造人物，请结合小说具体内容说一说"面人雷"具有怎样的人物特点。

_____

_____

_____

任务三

有人认为，"面人雷"的功夫全在手上，建议把小说标题改为"手中有乾坤"，你认为哪一个标题更好？请谈谈你的观点和理由。

_____

_____

_____

_____

　　家庭生活、学校生活、社会生活丰富多彩，请你观察、思考和提炼，尝试写一篇短篇小说，努力通过对人物的各种描写，展现人物鲜明的性格特点。

六

古典名著阅读

11 《齐天大圣大战二郎神》

试试猜读，不忘跳读

/ **背 景 介 绍** /

《齐天大圣大战二郎神》讲述了神通广大的齐天大圣孙悟空和二郎神在大战时各自运用不同的神奇变化，打得难解难分，嚷嚷闹闹。情节精彩，扣人心弦。

阅读方法：《西游记》原著独特的文白结合的语言风格，也许读起来不像平常的文章那么轻松，但是你可以尝试进行猜读和跳读，这不影响阅读效果，相信你可以驾驭。

齐天大圣大战二郎神

吴承恩

真君只到那水帘洞外，见那一群猴，齐齐整整，排作个蟠龙阵势；中军里，立一竿旗，上书"齐天大圣"四字。真君道："那泼妖，怎么称得起齐天之职？"梅山六弟道："且休赞叹，叫战去来。"那营口小猴见了真君，急走去报知。那猴王即掣金箍棒，整黄金甲，登步云履。按一按紫金冠，腾出营门，急睁睛观看，那真君的相貌，果是清奇，打扮得又秀气。

多个短句，语言工整，寥寥数语，把两位即将上场的主角的形象呈现在读者面前。

大圣见了，笑嘻嘻的，将金箍棒掣起，高叫道："你是何方小将，辄敢大胆到此挑战？"真君喝道："你这厮有眼无珠，认不得我也！吾乃玉帝外甥，敕封昭惠灵显王二郎是也。今蒙上命，到此擒你这反天宫的弼马温猢狲，你还不知死活！"大圣道："我记得当年玉帝妹子思凡下界，配合杨君，生一男子，曾使斧劈桃山的，是你么？我行要骂你几声，曾奈无甚冤仇；待要打你一棒，可惜了你的性命。你这郎君小辈，可急急回去，唤你四大天王出来。"真君闻言，心中大怒道："泼猴！休得无礼！吃吾一刀！"大圣侧身躲过，疾举金箍棒，劈手相还。

真君与大圣斗经三百余合，不知胜负。那真君抖擞神威，摇身一变，变得身高万丈，两只手，举着三尖两刃神锋，好似华山顶上之峰，青脸獠牙，朱红头发，恶狠狠，望大圣着头就砍。这大圣也使神通，变得与二郎身躯一样，嘴脸一般，举一条如意金箍棒，却就似昆仑顶上擎天之柱，抵住二郎神。

正斗时，大圣忽见本营中妖猴惊散，自觉心慌，收了法象，掣棒抽身就走。真君见他败走，大步赶上道："哪里走？趁早归降，饶你性命！"大圣不恋战，只情跑起。将近洞口，正撞着康、张、姚、李四太尉，郭申、直健二将军，一齐帅众挡住道："泼猴！哪里走！"大圣慌了手脚，就把金箍棒捏做绣花针，藏在耳内，摇身一变，变做个麻雀儿，飞在树梢头钉住。那六兄弟慌慌张张，前后寻觅不见，一齐呐喊道："走了这猴精也！走了这猴精也！"

正嚷处，真君到了，问："兄弟们，赶到哪厢不见？"众神道："才在这里围住，就不见了。"二郎圆睁凤目观看，见大圣变了麻雀儿，钉在树上，就收了法象，撇了神锋，卸下弹弓，摇身一变，变

大战三百余合无果后双方第一回合的变身，以简洁的语言勾勒出鲜活的场面，让我们感受到名著特有的魅力。

做个饿鹰儿，抖开翅，飞将去扑打。大圣见了，嗖的一翅飞起去，变作一只大鹚老，冲天而去。二郎见了，急抖翎毛，摇身一变，变作一只大海鹤，钻上云霄来鹐。大圣又将身按下，入涧中，变作一个鱼儿，淬入水内。二郎赶至涧边，不见踪迹。心中暗想道："这猢狲必然下水去也，定变做鱼虾之类。等我再变变拿他。"果一变变作个鱼鹰儿，飘荡在下溜头波面上，等待片时。那大圣变鱼儿，顺水正游，忽见一只飞禽，似青鹣，毛片不青；似鹭鸶，顶上无缨；似老鹳，腿又不红："想是二郎变化了等我哩！……"急转头，打个花就走。二郎看见道："打花的鱼儿，似鲤鱼，尾巴不红；似鳜鱼，花鳞不见；似黑鱼，头上无星；似鲂鱼，鳃上无针。他怎么见了我就回去了？必然是那猴变的。"赶上来，刷的啄一嘴。那大圣就撺出水中，一变，变作一条水蛇，游近岸，钻入草中。二郎因鹐他不着。他见水响中，见一条蛇撺出去，认得是大圣，急转身，又变了一只朱绣顶的灰鹤，伸着一个长嘴，与一把尖头铁钳子相似，径来吃这水蛇。水蛇跳一跳，又变做一只花鸨，木木樗樗的，立在蓼汀之上。二郎即现原身，走将去，取过弹弓拽满，一弹子把他打躘踵。

两个嚷嚷闹闹，半雾半云，且行且战，复打到花果山，慌得那四大天王等众，提防愈紧。

读名著，遇到难理解的词句，比如"大鹚老""钻上云霄来鹐""淬入水内"，可以运用多种方法猜测，猜不出来的不用反复琢磨，继续往下读，能大致读懂就可以了。

这部分难理解的词句较多，比如"花鸨""木木樗樗""蓼汀之上""躘踵"，联系上下文大致猜出意思即可，不必逐字逐句细究。

＼ 写作亮点 ＼

亮点一：古代白话文色彩颇浓。

《西游记》中有不少带有古代白话文色彩的语句，它们可能会对你理解故事内容造成一定阻碍。你可以运用多种方法猜测语句的意思，大致疏通文义。

比如"水蛇跳一跳，又变做一只花鸨，木木樗樗的，立在蓼汀之上"中的"花鸨"一词，从字形上可以猜出写的是一种鸟，不用细究到底是什么鸟；"木木樗樗"，联系上下文可以知道，这个词是形容花鸨立在那儿的一种状态。初读古典名著，允许囫囵吞枣地读，能读下去才是关键。

亮点二：章回体回目概括大意。

《西游记》属于长篇章回体小说，每一回的标题都能概括本回的主要内容。阅读时关注选文所在回的标题，猜猜这一回主要讲了什么故事，再默读文章，验证自己的猜想。

总评

古代长篇小说多是章回体小说。这些作品里，一回或若干回组成一个相对完整的小故事，连起来就成了一个长篇故事。阅读回目能让我们了解小说的内容，串读回目能让我们在较短的时间内了解小说主要情节的变化。回目阅读是速读古典名著的有效方法。你还可以结合略读、猜读、查读、赏读等多种阅读方法来阅读古典名著。

任务一

联系上下文，猜猜下列词句的意思并写下来。

且休赞叹，叫战去来：_____

将近洞口：_____

哪厢：_____

且行且战：_____

任务二

齐天大圣孙悟空与二郎神激战落败后，两人先后有哪些变化？

孙悟空先后变成_____；

二郎神先后变成_____。

任务三

选文内容体现了孙悟空的什么特点？

_____

_____

_____

_____

　　《齐天大圣大战二郎神》选自吴承恩的《西游记》,《西游记》里像这样的精彩故事很多。请你翻开原著,读一读这些精彩故事。还可以展开想象,进行西游故事的续写或改写。

_____

_____

_____

_____

_____

_____

_____

_____

_____

_____

_____

_____

_____

12 《武侯弹琴退仲达》

梳理情节，理解故事

　　《武侯弹琴退仲达》这篇文章节选自我国著名古典小说《三国演义》。文章描述蜀国丞相诸葛亮面对强敌处变不惊，设下计谋，终于使魏国名将司马懿引兵退去，突出表现了诸葛亮的足智多谋。

　　阅读方法： 阅读古典名著时，尤其要注意梳理故事情节，遇到不好理解的词句，可以联系上下文或结合生活实际猜测词句的意思。

武侯弹琴退仲达

罗贯中

孔明分拨已定，先引五千兵退去西城县搬运粮草。忽然十余次飞马报到，说："司马懿引大军十五万，望西城蜂拥而来！时孔明身边别无大将，只有一班文官，二千五百军在城中。孔明登城望之，果然尘土冲天，魏兵分两路望西城县杀来。孔明传令，教"将旌旗尽皆隐匿；诸军各守城铺，如有妄行出入，及高言大语者，斩之！大开四门，每一门用二十军士，扮作百姓，洒扫街道。如魏兵到时，不可擅动，吾自有计"。孔明乃引二小童携琴一张，于城上敌楼前，凭栏而坐，焚香操琴。

却说司马懿前军哨到城下，见了如此模样，皆不敢进，急报与司马懿。懿遂止住三军，自飞马远远望之。果见孔明坐于城楼之上，左有一童子，手捧宝剑；右有一童子，手执麈。城门内外，有二十余百姓，低头洒扫，旁若无人，懿看毕大疑，便教

开篇先交代为什么要施空城计——兵临西城，接着介绍怎样施空城计。这样一梳理，文章的行文脉络就清晰了。

"远远望之""果见""大疑""望北山路而退"等词句，写出司马懿中计。阅读中遇到类似"手执麈"的生词，大概知道是童子手里拿着一样东西即可，不必细究。

083

望北山路而退。次子司马昭曰："莫非诸葛亮无军，故作此态？"懿曰："亮平生谨慎，不曾弄险。今大开城门，必有埋伏。"于是两路兵尽皆退去。孔明见魏军远去，抚掌而笑。众官无不骇然，乃问孔明曰："司马懿乃魏之名将，今统十五万精兵到此，见了丞相，便速退去，何也？"孔明曰："此人料吾生平谨慎，必不弄险；见如此模样，疑有伏兵，所以退去。此人必引军投山北小路去也。吾已令兴、苞二人在彼等候。"众皆惊服，孔明曰："吾兵只有两千五百，若弃城而走，必不能远遁。得不为司马懿所擒乎？"言讫，遂下令，教西城百姓，随军入汉中，天水、安定、南安三郡官吏军民，陆续而来。

此处是孔明在解释司马懿不战自退的原因。

＼ 写作亮点 ＼

亮点一：情节跌宕起伏。

小说一般可以分为开端、发展、高潮、结局4个阶段。本文虽是长篇节选，但是情节依然清晰完整。故事情节围绕着诸葛亮施空城计展开，开端——兵临城下，发展——临危施计，高潮——司马中计，结局——孔明释计。

亮点二：人物形象鲜明饱满。

《武侯弹琴退仲达》的故事魅力在于这是两个聪明的统帅之间的斗智斗勇。你了解我，我更了解你。司马懿对诸葛亮的了解，在诸葛亮这里却变成了制胜的决定因素。在聪明的军事家诸葛亮的运筹之下，撤军的部署变成了一次精彩的"才艺表演"。

总评

阅读古典名著，我们不仅要梳理故事情节，还要借助相关资料，进一步了解人物形象，这样才能更好地理解故事内容，这也是初步阅读古典名著的好方法。从表面上看，司马懿是中了诸葛亮的"空城计"，但实际上是司马懿为自己留下了生存和发展的空间。司马懿明白，自己之所以能临危受命为"平西都督"，从某种意义上讲，靠的是诸葛亮的功劳，因为满朝文武，只有他司马懿可以在战场上与诸葛亮一较高下。

阅读理解

任务一

请你联系上下文或结合生活实际猜测下列句子中加点词语的意思。

将旌旗尽皆隐匿。_____

如有妄行出入，及高言大语者，斩之！_____

孔明见魏军远去，抚掌而笑。_____

众官无不骇然。_____

任务二

从选文内容看，诸葛亮面临着怎样的危急情势？请分点（至少两点）说明。

_____

_____

_____

任务三

诸葛亮为什么能成功用空城计退敌？（至少写出两点原因）

_____

_____

_____

《三国演义》里的故事个个精彩绝伦，选取其中一个故事，将你认为精彩的段落抄下来，并把故事讲给家人听。

七

外国名著阅读

13 《汤姆·索亚历险记》梗概

了解梗概，作品初显

/ **背 景 介 绍** /

　　《汤姆·索亚历险记》的主人公汤姆是个天真、活泼而又顽皮的少年。他和"野孩子"哈克，干了许多令人捧腹的妙事。

　　阅读方法：圈出文中出现的人物，理清人物关系，梳理故事情节，了解整本书的大概内容。

《汤姆·索亚历险记》梗概

汤姆·索亚是美国圣彼得斯堡小镇上一个淘气的机灵鬼。他父母早亡，随姨妈生活，而姨妈却管不住他。他不是那种听话本分的乖宝宝，他是镇上的孩子头儿，带他们玩"打仗"，搞恶作剧，喜欢马戏，会拿大顶，好幻想，想当兵或当牛仔，他在小伙伴眼中无所不能。最近，他又萌生了当海盗的念头。

汤姆有几个朋友：乔奇、班恩、吉姆，但最和他"臭味相投"的是镇上那个脏兮兮的流浪儿哈克。哈克的父亲是个酒鬼，从不管他，他就成了个无依无靠、游手好闲的"野孩子"。在镇民眼中，他是个无赖，而孩子们都觉得他是个有趣的伙伴。汤姆把当海盗的想法告诉了哈克。哈克说海盗都是些胆大的人，他们约定半夜到墓地去试试胆量。

汤姆假睡骗过姨妈，同哈克一同来到墓地。阴

先总写汤姆是个聪明、调皮、不安本分、敢于探险、追求自由、喜欢冒险的男孩。

风吹拂下，他们目睹了一场斗杀：乔埃杀死了一个医生，又嫁祸给醉鬼彼得。两个孩子都害怕凶悍的乔埃，相互发誓决不开口。

汤姆和哈克半夜到墓地检验胆量时，却目睹了一起凶杀案。

胆量得到了检验，汤姆和乔奇带着从家中"偷"来的食物，叫上哈克来到密西西比河边，找到一个小木筏，划到下游的杰克逊岛。这里荒无人烟，成了三个"小海盗"的快乐大本营。晴朗的夜，明亮的星，灌木林丛，篝火野餐；没有了大人的训斥、牧师的教诲、法官的威严、老师的惩罚，有的是沙滩、草地、树林、鸟儿、松鼠、蝴蝶……他们无忧无虑、无拘无束，这里简直是一片乐土、净土！

镇上的人们找了他们好几天，急坏了，怎么也不见孩子们的踪影，渐渐地绝望了。星期日，镇民们在教堂为他们三人开追悼会。当人们悲情难抑之际，牧师发现三个调皮鬼若无其事地走进教堂，来到亲人的面前。

镇上要开庭审理彼得杀人案了，汤姆和哈克出庭为彼得作证，混在旁听席中的乔埃大惊，落荒而逃。汤姆和哈克成了小镇的英雄。

法庭上，汤姆和哈克勇敢地站出来指出真正的凶手——乔埃。

汤姆的冒险心一刻也没有消失过，他知道传说中海盗都会把金银财宝埋藏在干枯的老歪脖树下，他和哈克要去寻宝。有一天，他们来到鬼屋翻寻时，真的遇上了"鬼"——乔埃和一个陌生人来到这里，准备把抢来的金币藏起来。两个强盗商量着要把这些金币一同藏到"二号十字架下面"，这些话被藏在楼上的汤姆和哈克听得一清二楚。

汤姆的同桌贝琪是镇上大法官撒切尔先生的女儿。她央求父母约请同学们到山上野营，孩子们乘轮渡来到镇外的山上。

大家来到有趣的魔克托尔山洞。鱼贯而入的孩子们对这阴森神秘的山洞心生好奇又有点儿紧张，就连好冒险的汤姆也是第一次来。洞内岔路横生，如同迷宫一样。孩子们在洞中玩着，闹着，陆续从不同方向汇集到了山洞出口。

但汤姆和贝琪却在洞中迷路了。一心想当探险家的汤姆带着贝琪在洞中东窜西走，总也走不出去。贝琪害怕了。勇气和智慧让汤姆有了信心，他安慰贝琪，耐心地寻找山洞的出口。

汤姆和贝琪在魔克托尔山洞迷路——这也是他们真正的历险。

在洞中，汤姆意外遇到乔埃！那乔埃已是惊弓之鸟，听到汤姆的动静，撒腿就跑。汤姆带着贝琪终于找到了出口，与朋友们会合了。虚惊一场的两个孩子在休息了五六天后，汤姆到大法官家看望贝琪。撒切尔先生告诉他：为了防止再有人迷路，魔克托尔山洞的出口被封死了。汤姆说洞中还有逃犯乔埃呢！

镇上的人们再次拥向魔克托尔山洞，见到乔埃已在洞内倒毙多日了。

汤姆带哈克再次来到洞中寻宝，终于在一个刻有十字记号的大岩石下，挖出了乔埃埋藏的那些金币。

汤姆和哈克划着小船回镇上去了，他的历险该对镇上的人们产生怎样的震动啊！

汤姆和哈克再次到洞中寻宝，结果找到了强盗藏匿的金币。

093

亮点一：语言简洁。

写故事梗概不是把看到的故事的文字内容直接记录下来，而是要把故事内容言简意赅、条理清晰地记录下来，这就涉及文句措辞的准确和语言表述的简洁。这篇梗概就是将原来的细枝末节去除，用简约的语言将大意概括了出来。

亮点二：故事精练。

这篇故事梗概体现原文的中心思想，保留原文的重点，事件发生的时间、地点、起因、经过、结局都没有改变。这就是故事梗概的精练性，与原来故事的丰富性不同。

总评

梗概追求叙事的简洁和干净，不可拖泥带水、面面俱到，不允许细致描绘细节，而是要准确概括作品中的情节。梗概要求结构完整，语言紧凑。一篇优秀的梗概，可以充分表现作者的阅读、概括、总结及表达能力。

阅 读 理 解

任务一

阅读《〈汤姆·索亚历险记〉梗概》我们可以了解到故事中出现了许多人物，其中主要人物是 _____ ，最和他"臭味相投"的是 _____ ，到杰克逊岛的是 _____ ，杀死医生的是 _____ ，洞中迷路的是 _____ ，大法官是 _____ ，他是 _____ 的爸爸。

任务二

这篇梗概写了汤姆的哪些事？用小标题的方式列出来。

_____

_____

_____

任务三

结合梗概内容，说说汤姆给你留下的印象。

_____

_____

_____

　　你在课余时间是不是读了许多名著呢？你最近读过的名著是什么？请你给它写一篇梗概，把这部名著推荐给大家。

14 《小人国》梗概

多元评价，人物立体

/ **背景介绍** /

　　《小人国》节选自《格列佛游记》，主人公格列佛是伦敦著名的外科医生，喜欢航海旅行的他无意中来到了一个神奇的岛上，岛上生活着一群身高不满5寸（约16厘米）的小人儿。格列佛在小人国里有了一段奇特的遭遇，最后他还是回到了家乡。

　　阅读方法：针对故事中的人物和情节，表达自己的感受和体会；留意描写人物的句子，立体、多元地评价人物。

《小人国》梗概

格列佛是伦敦一个著名的外科医生，但是他最喜爱的却是航海旅行。有一次在航海途中，航船被一阵暴风刮翻了，浪头把昏迷的格列佛冲到一个陌生的海岸上。

当他醒过来的时候，发现自己的双臂和双腿被一些小绳子牢牢地绑在地上，许多不满五寸高的小人儿拿着弓箭向他的下巴走来。

格列佛很吃惊，他大喊一声，弄断了绑他的小绳子，想去抓那些小人儿。立刻，很多箭朝他射来，就像许多针在刺他似的。格列佛连忙用手遮住脸，痛苦地哼起来。

过了一会儿，当小人儿们看见格列佛安静下来了，就不再射箭。这时，一些小人儿在离他三尺远的地方筑起一座高台，台上有一个军官向他发表演说。格列佛不知道他在说什么，但觉得饿了，便把手指放进嘴里，表示想吃东西。那军官命令一百多个小人儿，抬来一筐筐的肉和面包。格列佛一口吃十几块肉，一次抓一把面包——这些肉和面包都像火枪铅弹一样大小。格列佛又做了个想喝水的手势，小人儿们又把一桶桶酒滚到他的手边。

又过了一会儿，国王派来的一位大臣来到格列佛跟前。他从格列佛的右小腿上来，一直走到他的脸前，指着首都那个方向，说要把他送到国王那儿去。于是，小人儿们给他的箭伤涂上药膏，又竖起八十根柱子，每根有一尺长，用系上钩子的粗绳把他吊起来，放到一辆大车上，用了一千五百匹四寸高的马，拉他到王宫去。

国王和大臣们都出来看格列佛。"这个人真大呀！"国王说。从此，国王便叫他"人山"。为了让国王看个清楚，格列佛躺了下来，并且友好地说："你好哇，国王！"国王高兴极了。

晚上，格列佛睡在国王送来的一百五十张小床拼接在一起的床上。国王指定三百个裁缝为他赶制衣服，让六个小人儿给他当差。

没过几天，格列佛就和小人儿国的人建立了友谊。有时，他躺在地上，让五六个人在他的手掌上跳舞；许多男孩儿和女孩儿也跑到他的头发里玩捉迷藏；他把手放在地上，骑兵就在他手边跳过来跳

格列佛在小人国遇到了麻烦，语言不通，但他用比手势解决了问题，足见他聪明机智，有胆识，能够见机行事。

格列佛性情朴实温和，对人态度友好，为人善良，擅长与人交往。

过去。

不久，国王给了格列佛自由，让他在城里观光。格列佛侧着身，小心地走过两条大街。他只穿一件背心，因为怕自己的外衣边碰坏屋顶和房檐。

一晃两个星期过去了。另一个小人儿国的船队前来进犯。格列佛答应帮助击退敌人。他脱掉外衣、鞋和袜子，下到海里涉水前进，不一会儿就来到那支外国船队跟前。敌人见了他，吓得纷纷跳下海逃走了。格列佛拿出绳钩，把船队拖了回来。国王和全体大臣在岸边隆重地欢迎他。

格列佛愿意帮助朋友，为了朋友，他甘愿冒着生命危险，随时准备抗击一切对朋友不利的人。

一天，格列佛到海边散步，发现了一条真正的小船，便告诉国王，他要离开这里。国王叫人在船上装满了食物。格列佛在航行的路上遇到一艘英国商船，他上了这艘船，终于回到了故乡。

亮点一：鲜明的对比。

在小人国里面，作者把一群身高"不满五寸"的小人儿和主人公进行比对，把格列佛塑造成小人国里超人一般的形象。格列佛善良、热心，他没有伤害小人国的人，和他们成了朋友，并且还帮他们击退了敌人，这让人物形象变得更加丰满。

亮点二：夸张的想象。

本文运用了夸张的想象，文中的数据，比如格列佛"一口吃十几块肉""一千五百匹四寸高的马"，具体形象地写出了小人国小的特点。同时，在跌宕起伏的情节中，作者对人物性格及其内心活动进行了细致的描写，加之对场景的刻画也极为生动，能够将读者代入小说渲染的情境当中。

总评

《小人国》建立在作者极度夸张的想象基础之上，借助鲜明的对比和艺术的夸张，将格列佛在小人国的经历呈现在读者面前。如格列佛在小人国的饮食起居，通过大量的细节刻画，使人物变得多元、立体，给人一种真实感。

| 阅 读 理 解 |

任务一

用自己的话概括故事的主要内容。

_____

_____

_____

任务二

格列佛初到小人国时遇到了哪些麻烦？

_____

_____

_____

任务三

文中有很多地方运用了夸张的写作方法，把相关的语句摘抄下来，说说
这样写的好处。

_____

_____

_____

_____

_____

相信你已经被小人国的故事深深地吸引了，你可以先阅读斯威夫特的作品《格列佛游记》，然后想象一下，如果格列佛重回小人国，那又会是一番怎样的场景。试着写一写吧！

八

写景状物散文阅读

15 《夹竹桃》

想象画面，体会特性

/ **背 景 介 绍** /

　　《夹竹桃》是季羡林写的一篇文质兼美的散文。它描绘了在万紫千红、五彩缤纷的花季里，夹竹桃的可贵韧性和花影迷离的动人情景，表达了作者对夹竹桃的喜爱之情。

　　阅读方法：月光下的夹竹桃让人产生了丰富的幻想，找一找文中相关的语句，想象相应的画面，体会夹竹桃的特性，以及作者对夹竹桃的喜爱之情。

夹竹桃

季羡林

夹竹桃不是名贵的花，也不是最美丽的花，但对我来说，它却是最值得留念最值得回忆的花。

我们家的大门内也有两盆夹竹桃，一盆红色的，一盆白色的。红色的花朵让我想到火，白色的花朵让我想到雪。火与雪是不相容的，但是这两盆花却融洽地开在一起，宛如火上有雪，或雪上有火。我的心里觉得这景象十分奇妙，十分有趣。

我们家里一向是喜欢花的，虽然没有什么非常名贵的花，但是常见的花却是应有尽有。每年春天，迎春花首先开出黄色的小花，报告春的消息。以后接着来的是桃花、杏花、海棠、榆叶梅、丁香等等，院子里开得花团锦簇。到了夏天，更是满院生辉。凤仙花、石竹花、鸡冠花、五色梅、江西腊等等，五彩缤纷，美不胜收。夜来香的香气熏透了整个夏夜的庭院，是我什么时候也不会忘记的。一到秋天，

开篇点题，直接写出对夹竹桃的喜爱，引出下文对夹竹桃特性的叙写。

作者展开了对夹竹桃的种种回忆和想象。夹竹桃给作者留下了奇妙、有趣的印象。

玉簪花带来凄清的寒意，菊花则在秋风中怒放。一年三季，花开花落，万紫千红。

然而，在一墙之隔的大门内，夹竹桃却在那里悄悄地一声不响，一朵花败了，又开出一朵，一嘟噜花黄了，又长出一嘟噜。在和煦的春风里，在盛夏的暴雨里，在深秋的清冷里，看不出有什么特别茂盛的时候，也看不出有什么特别衰败的时候，无日不迎风吐艳。从春天一直到秋天，从迎春花一直到玉簪花和菊花，无不奉陪。这一点韧性，同院子里那些花比起来，不是显得非常可贵吗？

但是夹竹桃的妙处还不止于此。我特别喜欢月光下的夹竹桃。你站在它下面，花朵是一团模糊；但是香气却毫不含糊，浓浓烈烈地从花枝上袭了下来。它把影子投到墙上，叶影参差，花影迷离，可以引起我许多幻想。我幻想它是地图，它居然就是地图了。这一堆影子是亚洲，那一堆影子是非洲，中间空白的地方是大海。碰巧有几只小虫子爬过，这就是远渡重洋的海轮。我幻想它是水中的荇藻，我眼前就真的展现出一个小池塘。夜蛾飞过，映在墙上的影子就是游鱼。我幻想它是一幅墨竹，我就真看到一幅画。微风乍起，叶影吹动，这一幅画竟变成活画了。

这样的韧性，又能这样引起我许多的幻想，我爱上了夹竹桃。

作者写出夹竹桃默默无闻、连续不断开放的特点，运用口语化表述，语言风趣、形象传神。自然引出夹竹桃有可贵韧性的特点。

"袭"字极其贴切地写出了夹竹桃花朵浓烈的香气肆意地扑鼻而来，因为它实在是太浓了。

作者独具匠心，采用了动静结合的写法。幻想夹竹桃的影子是地图、水中荇藻、一幅墨竹，将三处幻想写活了。

＼ 写 作 亮 点 ＼

亮点一：想象新奇。

月光下夹竹桃的黑影本是平淡无奇的，但加入了作者奇妙的想象就变得意趣盎然，令人回味无穷了。参差的叶影、迷离的花影被想象成了地图、荇藻、墨竹，而小虫子、夜蛾则分别成了远渡重洋的海轮、游过池塘的小鱼儿。这是多么贴切、多么新奇的想象啊！我们被带进了富有童趣，如诗如画的场景中。

亮点二：总结特性。

文中所呈现的夹竹桃是生活中常见的，极具韧性。作者家院子里那一年三季热闹非凡的花开景象，正是在与夹竹桃进行比较，反衬出它的韧性。

总评

写景状物类散文的最大特点就是作者对景物画面的描绘。作者往往从自己独特的视角出发，把观察、感悟到的美景，通过自己丰富的想象、细腻的笔触，真真切切、活灵活现地描绘出来。阅读这类散文，需要用心感受，这样才能深入体会散文的意境与情感。

阅读理解

任务一

作者喜爱夹竹桃，是因为它有很多"妙处"，文中的"妙处"指的是什么？

_____

_____

_____

任务二

"这一点韧性，同院子里那些花比起来，不是显得非常可贵吗？"夹竹桃的韧性表现在哪里？找出文中的话来回答。

_____

_____

_____

任务三

你在月光下看过什么花？它的影子让你产生了什么样的幻想？

_____

_____

_____

自然界中，像夹竹桃一样具有鲜明特性，给人以美的享受的植物还有很多。请你选择一种植物，用自己的话描绘它的特性，以及它带给你的想象。

16 《故乡的芦苇》

写景叙事，抒发情感

/ **背景介绍** /

　　《故乡的芦苇》是一篇以热爱家乡为主题的散文，文章采用了先叙述后抒情的写法。文章先"写景"，描写了故乡朴实无华的芦苇多而美；后"忆趣"，通过回忆吹芦叶哨、折芦叶船、在芦苇丛中捉纺织娘等往事，抒发对儿时生活的追忆之情及对自己家乡的怀念之情。

　　阅读方法：通过物象来揣摩作者的思想感情，可以准确地把握文章的主题思想。

故乡的芦苇

樊发稼

长江口外，东海之滨，有一个美丽的绿色海岛。那就是我的故乡。

二十几年在北国的大城市里工作，我常常想念我远在南方的故乡。

生我养我的故乡啊，你给我留下多少梦幻般的、缤纷的记忆——

那密如蛛网、纵横交错的清清亮亮的小河；

那灿若群星、叫不出名儿的各种各样的芬芳的野花；

那望去像铺满碎金似的一畦畦油菜花；

那朗朗秋空下熠熠耀目、洁白如云的棉花……

然而，多年来最令我魂牵梦绕、永远不能忘怀

"小河""野花""油菜花""棉花"是作者精选的典型景物，以举例的方式言犹未尽地倾诉有关故乡的记忆。

的，却是故乡的芦苇——就是那些看来似乎很不起眼的、朴实无华的芦苇。一片片，一簇簇，迎着轻风，摇曳着修长的碧玉似的秀枝，远看犹如一朵朵绿色的轻云，在地平线上飘拂着，给乡村平添几分恬静和飘逸。

几乎所有的河沟、小湖、池塘，都有绿色的芦苇掩映着。

每年，当春风刚刚吹谢雪花，故乡的芦苇就迫不及待地从还未退尽寒意的泥土里探出尖尖的靛青色的脑袋。它长得很快，要不了多少日子，它就可以长到几尺高，快活地舒展出它那扁平的狭长的叶子。

到这时候，我和小伙伴们最喜欢摘一片芦叶，熟练地卷成小小的哨子，放在嘴边，吹出各种悦耳的乐音，孩子们为这美妙的音乐所陶醉，在亮晶晶的小河边，在碧青青的草地上，快乐地奔跑着，忘情地呼唤着……

我们还喜欢用芦叶折成绿色的芦叶船。手巧的伙伴，还会从旧火柴匣上剪下小片片，当成舵，安在小船的尾部，还用香烟盒里的锡纸做成小小的银色的帆叶。我们一个个光着小脚丫，蹲伏在河滩上，小心翼翼地把各自的小船移到水面上。"开船！开船！"于是，在一片欢呼雀跃声中，绿色的"船队"便满载着我们纯真的幻想，顺流而去……

在那星月交辉的夏季，我最喜欢带着弟弟到芦苇丛中抓纺织娘。纺织娘通体透明，头上长着两根细长的触须，身上裹着两片薄薄的玻璃纸似的羽翼。我们把捉到的纺织娘小心地放进小竹笼子里，怕它们饿，就塞进几朵金红色的南瓜花。然后将笼子挂在蚊帐架上，任纺织娘用好听的歌声伴我们进入甜蜜的梦乡……

啊，故乡的芦苇！因为你给过我不少童年的欢乐，所以我一直对你怀有一种特殊的亲切之感。每当想起你，我就会沉浸在童年美好的回忆之中……

想起故乡，就想起芦苇。

我爱故乡，我爱故乡的芦苇！

作者回忆了儿时吹芦叶哨、折芦叶船、在芦苇丛中捉纺织娘等往事。

点出"我"对故乡芦苇难以忘怀的根本原因是芦苇给"我"的童年带来很多欢乐。

因为芦苇给了"我"一生中无忧无虑的美好时光，所以它在"我"的记忆中成了故乡的象征。

＼ 写 作 亮 点 ＼

亮点一：景中含情。

人们常说"月是故乡明，景是故乡美"。故乡是游子魂牵梦绕之地，在作者的记忆中，有一种植物代表着故乡，寄托了他对故乡的怀念与热爱，那就是故乡的芦苇。

亮点二：事中传情。

全文用轻松细腻的笔法娓娓叙说着童年的欢乐生活，生动感人，主题鲜明。作者触景生情，引发对儿时与芦苇有关趣事的回忆，通过吹芦叶哨、折芦叶船、捉纺织娘等往事来抒发情感。芦苇在作者的记忆中成了故乡的象征，对芦苇的热爱就是对故乡的热爱。

总评

童年时光是许多人一生中最珍贵、最纯洁、最难忘的记忆。对于作者来说，这些记忆都和故乡的芦苇分不开，所以作者发出感慨："我爱故乡，我爱故乡的芦苇！"各种植物都能寄托这样的深情，比如"我爱故乡的杨梅"等。

阅读理解

任务一

一片片，一簇簇，迎着轻风，摇曳着修长的碧玉似的秀枝，远看犹如一朵朵绿色的轻云，在地平线上飘拂着，给乡村平添几分恬静和飘逸。句子写出了芦苇的_____和_____。句中把芦苇的样子比作_____和_____，_____一词写出了芦苇的动态美。

文中"吹芦叶哨"这一趣事主要采用_____描写，通过_____、_____、_____等动词表达了"我"和小伙伴的愉悦。

任务二

文章在抒发感情时用的表达方法是_____，从文中找出相关句子（一处即可）：_____

任务三

文中写了3件童年趣事，读起来让人感到意犹未尽。你的童年有哪些快乐的事？赶快写一写吧！

_____

_____

_____

_____

　　《故乡的芦苇》深切地表达了作者对故乡的热爱。你的故乡有哪些美好的景物或事物给你留下了美好的回忆？请你模仿作者描写景物的方法，写一写《故乡的××》。

九

写人记事散文阅读

17 《花边饺》

场景有情，细节有爱

/ **背景介绍** /

　　《花边饺》是著名作家肖复兴写的一篇散文，讲述了妈妈的花边饺子给作者留下了难忘的童年记忆；成年后，给妈妈过生日时，他也包了一个带糖馅儿的花边饺子，讨得年迈母亲的快乐与开心。字里行间，无不透露着母慈子孝的浓浓亲情。

　　阅读方法： 阅读写人记事散文时，注意体会作者描写的场景、细节中蕴含的感情。

花边饺

肖复兴

小时候，包饺子是我家的一桩大事。那时，家里生活拮据，吃饺子当然只能挨到年节；平常的日子，破天荒包上一顿饺子，自然就成了全家的节日。这时候，妈妈威风凛凛，最为得意，一个人又和面，又调馅儿，馅儿调得又香又绵，面和得软硬适度，最后盆手两净，不沾一点儿面粉。然后妈妈指挥爸爸、弟弟和我，看火的看火，擀皮的擀皮，送皮的送皮，颇似沙场点兵。

一般，妈妈总要包两种馅儿的饺子，一种荤的，一种素的。这时候，圆圆的盖帘儿上分两头码上不同馅儿的饺子，像是两军对阵，隔着楚河汉界。我和弟弟常捣乱，把饺子弄混。妈妈只好茄子葫芦一起煮。妈妈不生气，用手指捅捅我和弟弟的脑瓜儿说："来，妈教你们包花边饺！"我和弟弟好奇地看着，妈妈把包好的饺子沿着边儿用手轻轻地一捏

这段话通过对场景的描写，体现家人过节一起包饺子的仪式感。母亲和面的细节描写，表现出她的利落。整段话虽没有一个爱字，但却饱含深情，充满了爱。

一捏，便捏出一圈穗状的花边儿，像小姑娘头上戴了一圈花环，煞是好看。我们却不知道妈妈是耍了一个小小的花招儿，她把肉馅儿的饺子都捏上了花边儿，让我和弟弟连吃带玩儿地吞进肚里，自己和爸爸吃那些素馅儿的饺子。

那艰苦的岁月，妈妈的花边饺，给了我们难忘的记忆。但是，这些记忆，都是到了自己做父亲的时候，才开始清晰起来，仿佛它一直沉睡着，需要我们必须用经历的代价才能把它唤醒。

自从我能写几本书之后，家里经济状况好转，饺子不再是什么"圣餐"。想起那些辛酸和我不懂事的日子，想起妈妈自父亲去世后独自一人艰难度日的情景，我想起码不能让妈妈在吃的方面再受委屈了。我曾想拉上妈妈到外面的餐馆开开洋荤，她连连摇头："妈老了，腿脚不利索了，懒得下楼啦！"我曾在菜市场上买来新鲜的鱼肉或时令蔬菜，回到家里自己做，但妈妈并不那么爱吃，只是尝几口便放下筷子。我便笑妈妈："您哪，真是享不了福！"

后来，我明白了，尽管世上食品名目繁多，人们的口味花样翻新，妈妈却雷打不动只爱吃饺子。那是她老人家几十年历久常新的最佳食谱。我知道，让妈妈吃得开心的唯一方法是常包饺子。每逢我买回肉馅儿，妈妈看出要包饺子了，立刻麻利地系上

这不仅是母爱的伟大，更有着一份睿智。尽管当时作者还有些懵懂，但那无私母爱的种子却已深深地扎根在作者幼小的心田。

围裙。先去和面，再去打馅儿，绝对不让别人沾手，那精气神儿，又回到了我们小时候。

有一年大年初二，全家又包饺子。我要给妈妈一个意外的惊喜，因为这一天是她老人家的生日。我包了一个带糖馅儿的饺子，放进盖帘儿一圈圈饺子之中，然后对妈妈说："今儿您要吃着这个带糖馅儿的饺子，您一准儿会大福大吉大利！"

妈妈连连摇头笑着说："这么一大堆饺子，我哪儿那么巧能有福气？"说着，她亲自把饺子下进锅里，饺子如一尾尾小银鱼在翻滚的水花中上下翻腾，充满生趣。望着妈妈昏花的老眼，我看出来她是想吃到那个糖饺子呢！

热腾腾的饺子盛上盘，端上桌，我往妈妈的碟中先拨上三个饺子。第二个饺子妈妈就咬着了糖馅儿，惊喜地叫了起来："哟！我真的吃到了！"我说："要不怎么说您有福气呢？"妈妈的眼睛笑得眯成了一条缝。

其实，妈妈的眼睛实在是太昏花了。她不知道我要了一个小小的花招，用糖馅儿包了一个有记号的花边饺。那曾是她老人家教我包过的花边饺。花边里浸满浓浓的母爱，如今，我谨以花边饺讨得年迈母亲的快乐和开心。

从"绝对不让别人沾手""那精气神儿"中，我们感受到了母亲对饺子的喜爱，以及包饺子时的开心与快乐。爱就在平平淡淡的细节中。时光流逝，点点滴滴爱的回忆不变。

通过母亲的语言、神态，我们真切地感受到了花边饺子给母亲带来的惊喜和作者的拳拳孝心。

在母爱的感染下，儿子也学会了回报母亲，他用了母亲当年的办法，包了一个花边饺，哄年迈的母亲开心，让人很感动。

亮点一：场景描写具有鲜明的画面感。

场景描写的画面感在文中随处可见。比如"看火的看火，擀皮的擀皮，送皮的送皮"，一家人其乐融融的画面立刻展现在了读者眼前。再比如"第二个饺子妈妈就咬着了糖馅儿，惊喜地叫了起来"，母亲开心的画面让人感动。

亮点二：细节描写背后蕴含浓浓的情感。

文章用了大量的细节表现艰难的岁月里，无处不在的母爱。小小的花边饺子，浸满浓浓真情，它是爱的象征：艰苦岁月里的肉馅儿饺子，蕴含着浓浓的母爱；幸福时光中的糖馅儿饺子，倾注着儿子的拳拳孝心。

总评

爱是无形的，需要用心去感受；爱是永恒的，使人终生难忘；爱是伟大的，给人无穷的力量。但爱的表达不是口号式的呼喊，而是细节中的真情流露。

任务一

文章以＿＿＿＿为线索，写了＿＿＿＿＿＿＿＿＿＿＿＿＿＿＿＿＿＿＿；

＿＿＿＿＿＿＿＿＿＿＿＿＿＿＿＿＿＿＿＿＿＿＿＿＿＿＿＿＿＿＿＿＿；

＿＿＿＿＿＿＿＿＿＿＿＿＿＿＿＿＿＿＿＿＿＿＿＿＿＿三件事。

找出文中一处打动你的细节描写，用横线画出来，并写一写自己的感悟。

＿＿＿＿＿＿＿＿＿＿＿＿＿＿＿＿＿＿＿＿＿＿＿＿＿＿＿＿＿＿＿＿＿

任务二

通过动作、神态描写，揣摩人物的心理活动。

①第 2 自然段里，"妈妈把包好的饺子沿着边儿用手轻轻地一捏一捏，便捏出一圈穗状的花边儿，像小姑娘头上戴了一圈花环，煞是好看。"此时，妈妈在想：＿＿＿＿＿＿＿＿＿＿＿＿＿＿＿＿＿＿＿＿

②第 8 自然段里，"妈妈的眼睛笑得眯成了一条缝。"此时，将这一切看在眼里的"我"会这样想：＿＿＿＿＿＿＿＿＿＿＿＿＿＿＿

任务三

读了这篇文章，回想生活中的场景和细节，你认为母爱是什么？把你想到的画面写下来。

母爱是妈妈下着大雨给我送来的一把雨伞，母爱是深夜还在为我检查作业的背影，母爱是＿＿＿＿＿＿＿＿＿＿＿＿，母爱是＿＿＿＿＿＿＿

＿＿＿＿＿＿＿，母爱是＿＿＿＿＿＿＿＿＿＿＿＿＿＿＿＿……

　　生活处处充满爱。请你回忆生活中的场景，把自己感受
到的爱用细节描写呈现出来吧。

18　《儿子的创意》

恰当语言，表达观点

背 景 介 绍

《儿子的创意》是毕淑敏写的一篇散文，主要讲述了儿子看见杂志上关于建筑创意的征文比赛，为了获得免费的国外观光旅游的机会，不顾母亲的反对大胆参赛，最后成功获奖的故事。

阅读方法：联系上下文的具体语境，了解儿子是如何用恰当的语言表达自己的看法的。

儿子的创意

毕淑敏

一天，儿子在家里乱翻我的杂志。他突然说："我准备到国外旅游。"因为他经常异想天开，所以我置之不理。

他说："妈妈，你为什么不说话？难道不觉得我很勇敢吗？"

我说："是啊是啊，很勇敢。可世上有些事并不单是勇敢就够用。比如这件事吧，还得有钱。"

他很郑重地说："这份杂志上面写着，举办一个有关科技博物馆建筑创意的征文比赛，金奖获得者，免费到国外观光旅游。"说着，把一本海外刊物递给我。

我看也不看，说："一个小学生，关于科技，你懂得多少？关于建筑，你又懂得多少？金奖、银奖的争夺，多么激烈，你还是好好做功课吧。"

他毫不气馁地说："可是我有创意啊，比如在这个博物馆里可以体验南极和北极的风光；比如这个博物馆里可以供应太空食品，让参观的人通过色、香、味感受科技；比如这个博物馆可以用快速同步翻译设备，消除人们的语言障碍；比如……"

我笑着打断他："别比如了，人家征的是建筑创意，要有独特的风格。我记得你小时候连积木都搭不好，还奢谈什么建筑。"

儿子不理睬我，自言自语道："在地面挖一个巨大的深坑，然后把这个博物馆盖在地下……"

我说："噢，那不成了地下宫殿？"

儿子遐想着说："博物馆和大地粗糙的岩石、泥土间要留有空隙，再用透明的建筑材料砌成外墙，这样参观的人们时时刻刻会感到土地的存在，产生一种神秘感。从地底向阳光明媚的地面攀升，会有一种自豪感。地面部分设计成螺旋状的飞梯，象征着人类向宇宙探索……"他在空中比画了一个上大下小的图形。

我不客气地打断他："挖到地下那么深的地方，会有地下水涌出来，积成一个火山口样的湖泊。你想过没有？再说什么样的建筑材料，可以长久地保持你所要求的透明度？还有你设计的飞梯，多么危险！反正我是不敢上这种喇叭形梯子的。还有……"

儿子摆摆手说："妈妈，您说的问题都是问题。不过那是需要工程师们解决的问题，与我的创意无关。妈妈，您知道什么是创意吗？那就是最富于创造性的意见啊。"

我叹了一口气说："好了，随你瞎想好了。"

儿子在电脑上完成了他的创意。

付邮之前，我说："可以让我看看你的完成稿吗？"

他翻了我一眼说："您是评委吗？"我只好一笑了之。

很长时间过去了，就在我们几乎将这事淡忘的时候，儿子收到了一个写着他的名字并称他为"先生"的大信封。我们拆开信封，里面竟然是一张请柬，上面说儿子得了创意银奖，并且邀请他到海外参加颁奖仪式。

在母亲的心目中，儿子的创意是"瞎想"，是胡说八道，她对儿子的创意并不支持。

儿子敢于想象，面对母亲的怀疑勇于坚持自己的想法并付出行动，所以他获得了成功。

129

亮点一：用恰当的语言表达自己的看法。

　　这篇散文以对话的形式展开，使人物形象更加个性化、立体化，对话充分坦露了人物的内心世界。文中的儿子是勇敢的，不仅能用恰当的语言反驳母亲，表达自己的看法，而且敢于实践大人不敢想象的事情，并对此充满信心，让读者闻其声便好似睹其容。

亮点二：让辩白有理有据。

　　我们从母子的三次争论中，可以发现儿子的自信和母亲的怀疑形成了鲜明的对比。我们能从两个人的对话中看出他们截然不同的观点与思维方式。儿子的辩白有理有据，他的创意并非母亲眼里的瞎想，最终获得创意银奖也证明了这一点。

总评

　　这篇散文最大的特点，就是以对话的形式推动故事情节的发展。母亲对儿子参加建筑创意征文比赛，持反对态度，这从"看也不看""打断""不客气地打断""叹了一口气"等词句中可以看出。母亲的反对，更能衬托出儿子的勇敢与自信。

任务一

请用简洁的语言概括文章的主要内容。

_____

任务二

儿子的自信和母亲的怀疑形成了鲜明的对比，完成下面的表格。

	母亲的观点	儿子的想法	我的体会
第1次争论	一个小学生对于科技、建筑，懂不了多少		母亲对儿子不信任；儿子毫不气馁，坚持自己的想法
第2次争论		用自己独特的创意回答母亲的疑问	
第3次争论			

任务三

请你写出母子二人眼中"创意"的不同含义，再联系文章内容及自己的生活实际，谈一谈你对创意是怎样理解的。

_____

_____

_____

看了《儿子的创意》这篇文章，你的脑海里是否也对某些事物有了创意的火花呢？拿起笔来，把你的创意分享给大家吧。

十

非连续性文本阅读

19 《映像西湖》

快速比较，有效整合

/ 背 景 介 绍 /

  《映像西湖》是一组非连续性文本，材料一介绍了西湖的传说和景点的相关情况，材料二为读者展现了西湖的美景，材料三呈现的是图文结合的《2020 年度杭州文化和旅游大数据报告》。这些内容能让读者从多角度了解西湖。

  阅读方法：学会关注表格内外的文字，对有价值的信息进行快速的比较、整合。

— 文章梳理 —

映像西湖

材料一：《西湖与浪漫传说》

《梁山伯与祝英台》《白蛇传》，这两个中国人耳熟能详的民间故事，都与杭州有关，与西湖有缘。故事里，梁山伯与祝英台同窗共读的地方被安排在西湖南边的万松书院；而白素贞与许仙的相遇就在西湖的断桥上。

西湖，有 100 多处公园景点，60 多处国家、省、市级重点文物保护单位和 20 多座博物馆。西湖景区总面积 49 平方千米，汇水面积为 21.22 平方千米，湖面面积为 6.38 平方千米。西湖南、西、北三面环山，湖中白堤、苏堤、杨公堤、赵公堤将湖面分割成若干水面。西湖的湖体轮廓呈近椭圆形，湖底部较为平坦，湖泊平均水深为 2.27 米，最深约 5 米，最浅不到 1 米。

材料一通过具体的数据，介绍了西湖的景点之多、面积之大。

材料二：赵丽宏《西湖秋意》

一叶孤舟，像飘落湖心的一片枯叶，在平静的水面上缓缓地描绘着一幅苍茫的秋景。湖上飘忽着淡淡的烟霞，仿佛青灰色的透明的轻绡，笼罩着透迤起伏的远山，使它们显得若游若定，似有似无。然而湖畔的山坡上，还是顽强地透露出几星秋的色彩，是金黄、是殷红，是在秋风里变得深沉的墨绿，还有那些使人想起遥远历史的古老屋脊……

对于眼前的西湖秋景，我很难找出一个恰当的形容词来，不尽是凄凉，不尽是寂寥，不尽是苍茫。是什么？我说不上来。我只觉得眼前的画面静谧极了，幽远极了，和谐极了。这画面中，蕴含着许多还没有为我所理解的丰富的内涵。环顾湖波山色，我的饱经旅途劳累的身体，连同思想和灵魂，全都陶然在诗一般的画一般的秋光之中了……

蓦地，湖面掠过一只白色的水鸟。它用长长的翅膀拍击着湖波，由远而近，又由近而远，那雪白的身影在湖面划出一条优美的曲线，岛影、游船、长堤、远山，仿佛都被它串连起来，一幅静止的水彩画，顿时活了起来，动了起来……

材料三：《2020 年度杭州文化和旅游大数据报告》

杭州文游企业从 2017 年就开始了数字化转型的探索。20 秒入园的无接触服务，让杭州成为全国首批开放景点的城市。

作者主要通过对孤舟、烟霞、山坡色彩的细致描绘，来展现西湖秋日的美景。

"掠过""拍击""划出"等词，勾勒出水鸟的动作剪影，给平静的西湖增添了活力。

材料三介绍了杭州文旅企业开始数字化转型，杭州成为全国首批开放景点的城市。

2020 年，20 秒入园的景点和文化场馆从 35 家迅速提升到 207 家，服务人次超 1200 万，使用率达 91.3%，其中西湖风景名胜区服务人次最多。同时，杭州市收费景点的线上购票率，从 20% 提升到 80%，真正实现了让游客 20 秒之内入园。

图 1

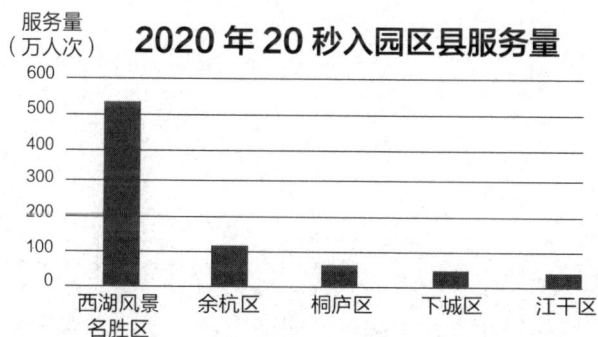

图 2

＼ 写作亮点 ＼

亮点一：形式直观醒目。

非连续性文本的形式直观醒目，它将文字、图、表等信息模块有机组合，文字精练，图文结合，承载的信息可谓"浓缩的都是精华"。

亮点二：图表和文字相结合。

本篇这类非连续性文本以文字材料为主，佐之以统计图或表格，形成组合材料。阅读时重点关注材料中的图表。首先看图表名称，明确图表的统计对象；其次看图表中的其他文字，弄清图表的限定因素；最后看数值，找出最大值与最小值等关键信息。阅读时要总结规律、把握重点，对有价值的信息进行快速的比较、整合。

总评

非连续性文本实用性强、易比较。通过阅读非连续性文本，人们可以更便捷地获取信息，了解社会，解决日常生活中的问题。一张清单、一个表格、一个折线图，能清楚地提炼出事物的构造及动态变化趋势。这是非连续文本在当今信息社会中的独特价值。

阅读理解

任务一

阅读文章，理解句子。

① "西湖的湖体轮廓呈近椭圆形，湖底部较为平坦，湖泊平均水深为 2.27 米，最深约 5 米，最浅不到 1 米。" 这句话运用了＿＿＿＿＿＿的说明方法，这样写的好处是＿＿＿＿＿＿＿＿＿＿＿＿＿＿＿＿＿＿。

②文中"诗一般的画一般的秋光"具体指的是什么样的景色？用横线画出来。

任务二

用横线画出材料三中与图 1、图 2 相对应的文字信息。

材料一和材料二都是写西湖，它们在表达方式上有什么不同？

＿＿＿＿＿＿＿＿＿＿＿＿＿＿＿＿＿＿＿＿＿＿＿＿＿＿＿＿＿＿＿＿

＿＿＿＿＿＿＿＿＿＿＿＿＿＿＿＿＿＿＿＿＿＿＿＿＿＿＿＿＿＿＿＿

任务三

与西湖相关的内容很多，你还知道哪些？完成下面的表格。

映像西湖	
古诗	
文章	
历史人物	

通过阅读这三篇材料，我们了解到杭州西湖的多种信息，有没有想去西湖看一看的冲动呢？请你为西湖设计一张海报，编写能打动人的宣传语吧。

20 《职业畅想》

借助信息，解决问题

　　《职业畅想》是典型的由多则文字材料组合而成的非连续性文本，这些材料都是围绕"职业"这一主题进行阐述的。文本分别从梦想征集、面包师的励志人生和一本介绍职业的图书《太棒了，我们的职业》，这三个角度对职业梦想进行阐述。让我们一起看看这组非连续性文本吧。

　　阅读方法：通过比较、分析，尝试利用已知的信息进行简单的推论，以解决主要问题。

职 业 畅 想

材料一

某学校发起了一次梦想征集活动，向学生们征集他们的梦想。从数百份梦想中，我们看到了有 50 多种职业出现。除了传统的医生、教师等职业，还有面包师、侦探、马术教练、乐高搭建师、脱口秀演员等新兴职业。

在诸多梦想中，医生这个职业脱颖而出，成为孩子们最青睐的未来职业选择。大范围突发的疾病让孩子们感受到了白衣战士对我们的守护，感受到了逆行者们的勇敢和伟大。

材料一介绍了医生这个职业成为孩子们最青睐的未来职业选择及其原因。

材料二

李志豪是一位面包师，他不断用行动去实现梦想。在日本专业学校学习烘焙期间，因各种文化差异，他备受挫折，但依旧保持积极的心态，每天休息不到三小时，一本写得密密麻麻的笔记是他对烘焙热情的最好体现。在进入面包店工作后，他选择

材料二介绍了李志豪用行动去实现梦想，他在留学期间，即使备受挫折，也依旧保持积极的心态。

了最艰苦的岗位——夜班面包师。凌晨一两点，当别人沉浸在梦乡时，他已经和面包一起准备迎接第二天的太阳和客人。

因为热爱，他积极探索面包制作的创新，尝试把学到的正统烘焙技巧和当地饮食文化结合，以富有创意的方式让更多人爱上面包，让面包成为艺术，而他也成了一位心怀梦想的面包家。

材料三

书名 《太棒了，我们的职业》

内容简介 书中介绍了服务行业、交通领域、商业等七大职业领域、三十种具体职业的特点，除了有农民、老师、医生等与我们日常生活密切相关的职业，还有登山向导、面包师、灯塔守卫这些不常见的职业。

推荐理由 它不仅可以帮助孩子了解不同职业的特点，而且还告诉孩子如何做好这个职业。每介绍一种职业，结尾处都会给予充分的肯定："太棒了，农民！""太棒了，搬家工！"意在告诉孩子，每一种职业，都有它存在的价值。

材料三介绍了《太棒了，我们的职业》这本书。这本书可以帮助孩子了解不同职业的特点以及告诉孩子如何做好这个职业。

亮点一：关键信息隐藏在关键句里。

信息量大是非连续性文本的主要特点之一，阅读时对信息的处理和把握则显得尤为重要。要在庞杂的文本中提取到需要的信息，就要学会寻找关键句，提炼关键信息，从中筛选出符合需求的有价值的信息，以此来解决主要问题。

亮点二：内容高度概括。

本篇这类非连续性文本偏向于记叙和说明性质的材料，没有闲杂的事物来干扰文意的传达，在内容方面具有高度概括的特点。例如，材料三对图书的简介，是对整本书内容的提炼，读者阅读这本书之前可以通过内容简介来确定自己是否对其感兴趣。

总评

非连续性文本的一个特点是，它可以将不同的信息模块进行整合，然后将这些信息以图文组合的形式呈现在读者面前。阅读时要特别重视图文之间的关系，提升自己获取关键信息的能力。

任务一

在文中找出与下列语句相符的词语。

①比喻人的才能全部显示出来。 （　　　　）

②用正眼相看，指喜爱或重视。 （　　　　）

③浸入水中，多比喻人处于某种气氛或思想活动中。 （　　　　）

④敞开思路，毫无拘束地想象。 （　　　　）

⑤多方寻求答案，解决疑问。 （　　　　）

任务二

材料一和材料二在写作方法上有什么不同？

_____

_____

_____

任务三

通过阅读本文，你获得了什么启发？

_____

_____

_____

　　每个人的心中都有梦想，我们都是追梦人。你的梦想是什么？请以"太棒了，_____！"为题，谈谈你的职业理想，写清楚你为什么选择这种职业，以及你将为此如何努力。

_____

_____

_____

_____

_____

_____

_____

_____

_____

_____

_____

_____

参考答案

1 《馅饼岛》
反复的结构，构思童话

任务一

思路点拨　本题为开放题，作答时一是要结合文章内容表达相关观点，二是要结合自己的阅读体验进行表述。

参考答案　我觉得鸭子跳上馅饼这个部分最有趣，鸭子是在自己会飞的时候，飞上云彩的，现在不会飞了，就回不到地面上。两位老人把鸭子拉上了馅饼，让鸭子同他们一起飘。

任务二

思路点拨　本题考查学生对文章结构和表现手法的认知与理解，可从结构、叙述手法、童话的特点等方面展开思考。

参考答案　我感觉只写花猫跳上馅饼不行，因为这样写童话故事整体太过平淡，会失去趣味性。

任务三

思路点拨　本题为开放题，作答时可以展开想象，把自己代入文本情境中，大胆猜想一下老头和老太太当时的对话。

参考答案　例如，他们遇到飞行员时，可能会说："嗨，小伙子，天气这么冷，赶快离开这架飞机，跳到我们这个大馅饼上来吧。这个馅饼足够大，我们都坐在上面了还绰绰有余呢。"

2 《面包房里的猫》
丰富的想象，渲染童话

任务一

思路点拨　本题为开放题，考查学生对文章内容的理解能力，以及对童话"想象大胆、丰富、神奇"这一文体特点的感悟。

参考答案　酵母把小猫莫格发起来了，这样的想象很有趣。而且当身体膨胀得越来越大，像绵羊、像拉车的马、像大河马，最后撑破了琼斯太太厨房的墙壁的时候，它还居然在打瞌睡。更有趣的是，厨房里伸出了猫胡子、大门里伸出大尾巴、卧室的两扇窗户中伸出了爪子和耳朵……读着文字能想象得出来当时是多么有趣的情景，这种想象太神奇啦。

任务二

思路点拨　本题考查学生的复述能力。复述时表示先后顺序的几个词语可以合起来，也可以选择其中的几个。也可以继续加上想象，加上自己的表情、动作等进行表达。

参考答案　（答案不唯一）

任务三

思路点拨　本题为开放题，作答时可以结合故事的整体内容继续展开想象，也可以结合自己的生活经历和阅读经验展开大胆想象。

参考答案　略。

3　《点金术》
神奇的想象，成就神话

任务一

思路点拨　本题考查学生对文章内容的理解。

参考答案　（答案不唯一）

①"他祈祷神灵赐给他更多金子。"中的"更多"一词，可以感受到这是个贪得无厌的国王。②从"我将成为世界上最富有、最幸福的人了。"可以看出国王对金钱的渴望。我的体会是：人的欲望是个无底洞，很难被填平。

任务二

思路点拨　本题考查学生能通过对比阅读深入理解文章内涵。阅读文中的批注即可找出答案。

参考答案　原来的国王贪得无厌，当神灵赐给他点金术时，他认为自己会变成世界上最富有的人，因为最富有，所以最幸福。而当他接触过的所有东西，尤其是小女儿也变成金子时，他才意识到自己对金子的执迷是错的，金子并不等同于幸福，比起金子，自己所爱之人更重要。他愿意用所有的金子来换回原来的女儿。

任务三

思路点拨 本题为开放题，作答时要结合文章前后的内容展开丰富的想象，大胆进行推测。

参考答案 国王吃饭时，餐具和食物都变成了金子；喝水时，杯子也变成了金子；甚至他碰触过的人都变成了金子……国王将变得孤独而虚弱，最终只能一个人静静死去。

4　《神农尝百草》
鲜明的人物，塑造神话

任务一

思路点拨 本题考查学生对文章内容的理解，对神话的文体特点的了解。

参考答案 我认为神农的模样很神奇：长着牛头人身，肚子是透明的。故事情节也很神奇：他的肚子是透明的，可以看清五脏六腑，看清中毒的部位，及时找到解救的方法。这些描写都充满了神奇的想象。

任务二

思路点拨 本题重在让学生体会神话故事情节的"神奇"。根据文中描述的内容的基础上，再次展开想象——还会遇到哪些困难。此题较为开放，能用自己的话讲出"神奇"之处即可。

参考答案 神农为了遍尝草药，有时会去往高山深涧，悬崖峭壁，但任何艰苦的环境都阻挡不了他的脚步。即使遇到狂风暴雨或大雪纷飞的恶劣天气，他仍旧坚持前行，救治百姓的决心成为他克服困难的利器。

任务三

思路点拨 本题考查学生对文章结构的了解情况，作答时一是要结合文章整体结构，二是要结合文章的前后内容和人物精神之间的关系展开阐述。

参考答案　不能删除。如果删除了，就不能充分说明神农在医药方面给后人做出
的贡献，人物的形象就不会那么鲜明了。

5　《狼和狗》
关注对话，读懂寓意

任务一

思路点拨　本题考查学生对文章内容的理解与句子的赏析能力。故事以生动的对
话突显人物个性，答题时可从能体现其性格特点的对话中任选一处，
感受故事中狼和狗的鲜明的形象，提炼其性格特点。重点是要根据勾
画选取的那一处对话准确概括狼和狗的性格特点。

参考答案　"我每报一次警，就能得到足够的面包……我睡在有遮蔽的房门下，
也从未缺过水，而为这一切优厚的待遇我只需要付出很少的劳动。"
我从中看出狗贪图安逸、甘愿寄人篱下的性格特点。

"你所拥有的那份舒适……我受不了任何链条的束缚。"我从中感受
到狼自由至上、独立不羁的性格特点。

任务二

思路点拨　本题考查学生的理解分析能力。作答时一是要抓住故事中的重点语句
反复推敲，二是要结合文章内容概括出相关观点，准确把握故事中蕴
含的寓意。

参考答案　（答案不唯一）

这句话说明狼是一种独立、自主、追求自由的动物，它不肯受人制约，
不靠怜悯、施舍生活。宁愿自己受苦受累，也要自由自在地生活。

任务三

思路点拨　本题考查学生的理解与表达能力，在陈述原因时，一定要有理有据，
联系上下文作答，这样更容易得高分。

参考答案　因为狼虽然希望过舒适富足的生活，但如果跟狗回去，必然会受到铁

链的束缚，失去自由，这是它所不愿意的。所以狼依然过着流落荒野，但自由自在的生活。

6 《獾和狐狸》
联系生活，理解寓意

任务一

思路点拨　本题考查学生对文章内容的理解与概括能力。

参考答案　狐狸用甜言蜜语欺骗獾　獾上了当　獾醒悟　獾得救、狐狸受到惩罚

獾得救、狐狸受到惩罚

任务二

思路点拨　本题考查学生对文章内容的理解及表达能力。重点抓住关键词语，揣摩獾发觉自己上当后的心理进行表达。

参考答案　狡猾的狐狸，我上了你的当。亏我把你当成知心朋友，你不讲义气。

任务三

思路点拨　本题为开放题，在谈启发、感悟故事中蕴含的哲理时，可以依据故事中的几个人物形象，联系生活实际来理解。

参考答案　（答案不唯一）

狐狸的角度：多行不义必自毙，聪明反被聪明误。

獾的角度：不要轻易听信别人的话，凡事要三思而后行。

7 《龙牙颗颗钉满天》
传奇色彩，照亮民间故事

任务一

思路点拨　本题考查学生对文章内容及结构的把握。

参考答案　桑神奇的身世　乌龙兄弟打架，把天皮碰裂了　桑和白姑娘一起用龙角、龙牙把天补好了

桑　历尽千辛万苦　敢于担当

任务二

思路点拨　本题考查学生对民间故事特点的把握。作答时一是结合文章内容发现故事中不可思议之处，二是抓住故事中不可思议之处阐述其对表现民间故事传奇色彩的好处。

参考答案　句子略。文中不可思议之处，彰显了民间故事丰富的想象力，令情节跌宕起伏，充满浪漫的幻想色彩，表达了劳动人民对幸福美好生活的期盼与追求。

任务三

思路点拨　本题为开放题，由故事中不可思议的情节说开去，充分发挥想象力，猜想在桑的身上还可能发生的不可思议的事情。

参考答案　略。

8　《裁缝儿子对付部落主》
三叠结构，讲述民间故事

任务一

思路点拨　本题考查学生对文章内容的理解与概括能力。

参考答案　要穿石板衣服　要喝公牛奶　让裁缝去数草

任务二

思路点拨　本题为开放题，作答时一是要结合对文章内容的理解，对人物的做法做出判断；二是要结合文章内容，联系生活实际，对认同或不认同的观点有理有据地进行阐述。

参考答案　认同。裁缝的儿子没有直接回答，而是通过部落主"没有听说过男人还会生孩子"的回答，反问部落主"既然男人不能生孩子，那么公牛又怎么会有奶"，从而让部落主无话可说。裁缝的儿子通过反出难题，令部落主无话可说，方法巧妙。

任务三

思路点拨　本题为开放题，作答时从过去的阅读经历，发现"三叠式"结构在民间故事中的运用，巩固所学内容。

参考答案　（答案不唯一）

《巧媳妇》主要情节为三个儿媳接受三次考验。每次考验都是公公对儿媳出难题，三个儿媳以超众的智慧解答出来。但每次出题的方式和内容以及三个儿媳的回答都是不同的。故事在三次反复中向前推进，情节不断发生变化。

9　《二十年后》
环境渲染，情节发展

任务一

思路点拨　本题考查学生对小说主要情节的把握情况。

参考答案　鲍勃在一家店门口等他的朋友，履行二十年前的约定，一位警察上前与他交谈。后来他的"朋友"吉米来了，可原来他是便衣警察，而之前那个警察才是吉米。吉米如约赴会，却发现朋友鲍勃是通辑犯。顾虑友情，吉米最终叫了别人来抓他。

思路点拨　本题考查学生对小说中环境描写的理解能力。

参考答案　第一次，烘托环境，展开情节；第二次，渲染气氛，转换情节。

任务二

思路点拨　本题考查学生初步分析人物形象的能力。

参考答案　（答案不唯一）

鲍勃强调了三次"二十年前"，能看出鲍勃是个重视友情，信守诺言的人；从鲍勃见到老友所说的话，能感到鲍勃会见老友的兴奋，以及乐观开朗、心直口快的性格；从"这些年，我一直不得不东奔西跑"及最后一段便条上的话说明鲍勃试图逃避法律的惩罚，是个违法犯罪的人。

任务三

思路点拨　本题旨在通过揣摩吉米的心理活动，考查学生对吉米这一人物形象的
　　　　　把握，通过语言实践加深学生对小说主旨的理解。

参考答案　（答案不唯一）

亲爱的鲍勃，二十年了，我们终于见面了，二十年前的约定你还记
得，真的太让我感动了。可当你划着火柴点烟时我看到了你的脸，天
哪，你不就是那个在逃的通缉犯吗？这怎么可能，怎么偏偏是你！这
可怎么办？……我是警察呀，在"情与法"面前，我只能选择"法"，
请不要怪我冷酷无情，我的好朋友，别怪我，请你一定别怪我。

10　《最后的绝招》
多种描写，刻画人物

任务一

思路点拨　本题考查学生对文章的理解力和概括力。

参考答案　工具简洁　立等可取　形神兼备

任务二

思路点拨　本题考查学生对小说中人物形象的把握情况，作答时需要抓住文章直
　　　　　接和间接描写"面人雷"的相关语句进行总结梳理。

参考答案　"广场游荡趁机作案的小偷、碰瓷的骗家……捏好了，悄然入箱，秘
　　　　　不示人。"运用直接描写，说明"面人雷"是个善恶分明的人。

"他捏面人很快，顾客站个十来分钟就行了，称得上'立等可取'。"
说明"面人雷"技艺高超。

（其余特点如：从容自信、有胆识、有计谋，认真阅读批注即可找到
相关内容。）

任务三

思路点拨　本题为探究题，考查学生对文章内容的理解情况，作答时只要理由充
　　　　　分即可。

参考答案 观点一："最后的绝招"更好，这个标题既能表现主人公"面人雷"身怀绝技的特点，又能表现他虽然是个以小技养家的江湖艺人，却不惜个人安危，为社会惩奸除恶；同时呼应小说高潮，以"手中有乾坤"这一绝技留下擒贼线索，充分表现出"面人雷"从容不迫、大义凛然的风度和擒贼除恶、矢志不渝的决心。

观点二："手中有乾坤"更好，这个标题既能表现主人公"面人雷"身怀绝技的特点，又能呼应小说高潮"面人雷"以"手中有乾坤"留下擒贼线索这一故事情节；同时照应挽联"心中明善恶"，表现"面人雷"的大智、大勇。

11 《齐天大圣大战二郎神》
试试猜读，不忘跳读

任务一

思路点拨 本题旨在训练学生通过猜测和联系上下文理解难理解词句的意思。

参考答案 暂时不要感叹了，去叫（孙悟空）来战。快要靠近洞口。哪里。一边打一边跑。

任务二

思路点拨 本题考查的内容是选文最精彩的部分，旨在让学生了解孙悟空和二郎神变法争斗的过程，感受其神奇之处。作答时需要仔细、认真，关注"激战落败后"这一关键提示语。

参考答案 麻雀、大鹚老、鱼、水蛇、花鸨

饿鹰、大海鹤、鱼鹰、灰鹤

任务三

思路点拨 本题考查学生对孙悟空人物形象的把握情况，作答时需要结合选文具体内容来写。

参考答案 选文表现了孙悟空的千变万化、神通广大，以及机敏坚毅的个性特点。

孙悟空与二郎神的对话中可以看出孙悟空机敏无畏的个性。

孙悟空与二郎神的多次变化，如二郎神变成身高万丈的怪物，齐天大圣随之变成同物，举一条如意金箍棒，抵住二郎神等，说明孙悟空能够千变万化，且神通广大。

12 《武侯弹琴退仲达》
梳理情节，理解故事

任务一

思路点拨　本题意在让学生初步学习阅读古典名著的方法，遇到不明白的词语和句子可以跳读、猜读、联系上下文猜测语句的意思。

参考答案　全部都隐藏起来　大声说话的人　拍手　惊惧的样子

任务二

思路点拨　本题考查学生对文章相关内容的梳理与概括能力。作答时要认真阅读与问题相关的内容（第1自然段），在理解的基础上对相关信息进行归纳梳理。答出两点即可。

参考答案　第一，敌我力量悬殊；

第二，敌军来势凶猛，我方没有任何准备；

第三，身边只有一班文官，而且众官"失色"。

任务三

思路点拨　本题考查学生对选文内容的理解情况，结合文中诸葛亮对众人的解释和司马懿对诸葛亮的猜测分析来答题。

参考答案　诸葛亮能准确分析形势，临危不乱，做事果断；

诸葛亮对司马懿非常了解；

诸葛亮足智多谋，出奇制胜。

13　《汤姆·索亚历险记》梗概
了解梗概，作品初显

任务一

思路点拨　本题考查学生对文中人物的了解情况。

参考答案　汤姆·索亚　哈克　汤姆·索亚、乔奇、哈克　乔埃　汤姆·索亚、贝琪　撒切尔先生　贝琪

任务二

思路点拨　本题考查学生对文章主要内容的概括能力。

参考答案　①墓地试胆；②孤岛探险；③出席自己的葬礼；④成为英雄；⑤"鬼"屋寻宝；⑥山洞迷路；⑦找到金币。

任务三

思路点拨　本题考查学生对人物形象的理解情况。

参考答案　（答案不唯一）

文章的第4自然段让我感受到汤姆爱冒险、顽皮、淘气、可爱、向往自由。

14　《小人国》梗概
多元评价，人物立体

任务一

思路点拨　本题考查学生对文章内容的概括能力。

参考答案　（答案不唯一）

伦敦著名外科医生格列佛喜欢航海旅行，一次他无意中来到了一个神奇的岛上，岛上生活着一群身高不满五寸的小人儿。格列佛用自己的善良和智慧和小人儿们建立了友谊，并帮小人儿们化险为夷，最终他还是回到了故乡。

任务二

思路点拨　本题考查学生把握文章内容的能力。

参考答案　被绳子绑；被弓箭射；又饿又渴；被系上钩子的粗绳吊起来，放到一辆大车上，被一千五百匹四寸高的马拉到王宫去。

任务三

思路点拨　本题考查学生对文章写法的理解。作答时需要结合具体内容。

参考答案　（答案不唯一）

> 晚上，格列佛睡在国王送来的一百五十张小床拼接在一起的床上。国王指定三百个裁缝为他赶制衣服，让六个小人儿给他当差。
>
> 通过夸张的数据，突出强调了小人国的小，也表现出国王对格列佛的喜爱和特别的关照。

15　《夹竹桃》
想象画面，体会特性

任务一

思路点拨　本题主要考查学生对文章主要内容的理解能力。

参考答案　夹竹桃奇妙、有趣、有韧性，引起"我"的幻想。

任务二

思路点拨　本题主要考查学生对关键句的理解能力。

参考答案　在和煦的春风里，在盛夏的暴雨里，在深秋的清冷里，看不出有什么特别茂盛的时候，也看不出有什么特别衰败的时候，无日不迎风吐艳。从春天一直到秋天，从迎春花一直到玉簪花和菊花，无不奉陪。

任务三

思路点拨　本题为开放题，联系生活实际，展开丰富的想象即可。

参考答案　（答案不唯一）

> 看着月光下满树桃花的影儿，我幻想美丽的花瓣带着淡淡的桃花香随着溪水敲开了春天的大门。

16 《故乡的芦苇》
写景叙事，抒发情感

任务一

思路点拨 本题考查学生对句子的赏析能力。

参考答案 多 美 碧玉 轻云 飘拂

思路点拨 本题考查学生对文章内容的理解情况。

参考答案 动作 陶醉 奔跑 呼唤

任务二

思路点拨 本题考查学生对文章表达方法的理解能力。

参考答案 直抒胸臆 我爱故乡，我爱故乡的芦苇!

任务三

思路点拨 本题为开放题，联系生活实际，写得生动有趣更容易得高分。

参考答案 （答案不唯一）

有一次，我和妈妈在家里打乒乓球，我一个不小心把球踩扁了。家里只有这一个乒乓球了，没球可怎么打! 当时我就大哭了起来。妈妈一边哄我，一边看看球，说："好了，好了，妈妈有办法让它恢复原状。"只见妈妈往茶杯里倒入热水，然后把踩扁的乒乓球放进去，一会儿工夫，扁的地方就鼓起来了，我高兴得又跑又跳!

17 《花边饺》
场景有情，细节有爱

任务一

思路点拨 本题考查学生对文章线索及主要内容的把握能力。

参考答案 花边饺 小时候吃妈妈包的花边饺子 经济状况好转后，妈妈依然爱吃饺子 母亲过生日时，"我"为了讨母亲的欢心包了糖馅儿的花边饺

思路点拨　本题旨在让学生找出文章中的细节描写，感受细节描写的作用。

参考答案　（答案不唯一）

　　这时候，妈妈威风凛凛，最为得意，一个人又和面，又调馅儿，馅儿调得又香又绵，面和得软硬适度，最后盆手两净，不沾一点儿面粉。这处细节描写既表现了母亲的利落、能干，又增强了场景的画面感。

任务二

思路点拨　本题旨在让学生从动作和神态描写中体会作者的情感。注意母亲和"我"的不同身份，用不同的称谓和语态拟写他们的心理活动，表现往日母亲的慈爱和现在"我"对母亲的敬爱。

参考答案　（答案不唯一）

　　①两个小调皮，我是故意包花边饺子让你们吃到肉馅儿的饺子，只要你们开心，比什么都好。

　　②我用您当年的办法让您吃到了糖馅儿饺子，您能一直开心快乐下去，就是我这个做儿子的最大的心愿。

任务三

思路点拨　本题旨在唤醒学生对生活中蕴含着母爱的场景和细节的回忆，以实现对知识的迁移和运用。

参考答案　（答案不唯一）

　　妈妈为我做的一桌丰盛的饭菜　催促我放下网络游戏时的唠叨　我生病时妈妈守在我床边时那担心的眼神

18　《儿子的创意》
恰当语言，表达观点

任务一

思路点拨　本题考查学生概括文章主要内容的能力，作答时可以用段意串联法尝试进行概括。

参考答案　儿子不顾母亲反对，勇敢参加科技博物馆建筑创意征文比赛，最终获得银奖。

任务二

思路点拨　本题考查学生对文章重点内容的理解能力，作答时需要对文章内容进行梳理、归纳与总结，写出自己的体会。

参考答案　（答案不唯一）

	母亲的观点	儿子的想法	我的体会
第1次争论	一个小学生对于科技、建筑，懂不了多少	自己可能知识储备不多，但有创意	母亲对儿子不信任；儿子毫不气馁，坚持自己的想法
第2次争论	建筑创意需要独特的风格，儿子小时候连积木都搭不好	用自己独特的创意回答母亲的疑问	儿子勇敢、自信，在母亲一次次的怀疑下，依然坚持自己的想法
第3次争论	儿子的设计不可能实现	那是工程师要解决的问题，与自己的创意无关	面对阻挠，儿子不放弃

任务三

思路点拨　在任务二的答案的基础上，可以比较出母亲和儿子的不同观点，学生也可以结合文章内容及自己的生活实际，用一些事例来说出自己曾有过的"创意"，本题较开放。

参考答案　（答案不唯一）

母亲：创意就是成熟的、独特的见解或发明创造。

儿子：创意就是富有创造性的意见。

我：创意就是敢于想象、善于想象，有创造性的想象。

19 《映像西湖》
快速比较，有效整合

任务一

思路点拨　本题考查学生对文章中句子的理解能力。

参考答案　①列数字　准确、严谨地介绍了西湖的水深

②一叶孤舟，像飘落湖心的一片枯叶，在平静的水面上缓缓地描绘着一幅苍茫的秋景。湖上飘忽着淡淡的烟霞，仿佛青灰色的透明的轻绡，笼罩着逶迤起伏的远山，使它们显得若游若定，似有似无。然而湖畔的山坡上，还是顽强地透露出几星秋的色彩，是金黄、是殷红，是在秋风里变得深沉的墨绿，还有那些使人想起遥远历史的古老屋脊……

任务二

思路点拨　本题考查学生对非连续性文本的阅读、理解能力。

参考答案　2020年，20秒入园的景点和文化场馆从35家迅速提升到207家，服务人次超1200万，使用率达91.3%，其中西湖风景名胜区服务人次最多。

思路点拨　本题考查学生的文体意识。

参考答案　材料一以说明的形式介绍西湖，注重严谨、准确。材料二以抒情的形式写西湖，注重表达自己的感受和情感。

任务三

思路点拨　本题为开放题，学生可以结合对西湖的了解来写。

参考答案　（答案不唯一）

映像西湖	
古诗	《饮湖上初晴后雨》《晓出净慈寺送林子方》《题临安邸》
文章	余秋雨《西湖梦》、林语堂《春日游杭记》、宗璞《西湖漫笔》
历史人物	白居易、苏轼、岳飞、于谦

20 《职业畅想》
借助信息，解决问题

任务一

思路点拨　本题为基础题，主要考查学生对重点词语的理解情况。

参考答案　脱颖而出　青睐　沉浸　畅想　探索

任务二

思路点拨　本题考查学生对文章写作方法的掌握情况。

参考答案　材料一以先总后分的结构先描述梦想征集活动的内容，后聚焦"医生"这个职业的征集情况。

材料二以记叙的形式具体阐述了一位面包师的成功经历。

任务三

思路点拨　本题为开放题，作答时可以展开丰富的想象，写出自己的真实感受。

参考答案　（答案不唯一）

每个人都有自己喜欢的职业，虽然每一种职业的特点不同，但每一种职业都有它存在的价值。职业没有高低贵贱之分。